W0413186

Doro Kasten

Das **Leben** ist **kein Zufall**

Doro Kasten

Das **Leben** ist **kein Zufall**

Wie ich lernte, meiner
Zeitspur zu folgen, oder
eine kleine Einführung
in die Astrologie

nymphenburger

Besuchen Sie uns im Internet unter http://www.herbig.net

© 2002 nymphenburger in der
F. A. Herbig Verlagsbuchhandlung GmbH, München.
Alle Rechte, auch der fotomechanischen Vervielfältigung
und des auszugsweisen Abdrucks, vorbehalten.
Schutzumschlaggestaltung: Wolfgang Heinzel
Satz: Schaber Satz- und Datentechnik, Wels
Gesetzt aus 10,8/14,8 Punkt Palatino
Druck und Binden: GGP Media, Pößneck
Printed in Germany
ISBN 3-485-00919-9

Für Emanuel

Inhalt

Einführung

Dieses Buch richtet sich an alle, die auf ihrer Lebenswanderung bereit sind, die üblichen Grenzen zu überschreiten, die offen sind für unterschiedliche Betrachtungsweisen und Wissensebenen.

Die fortlaufenden Themen der einzelnen Kapitel stellen anhand meiner eigenen Lebensgeschichte chronologisch dar, wie sich Bewusstsein entwickeln kann. Hervorgerufen durch ein schweres Krankheitsbild in der Kindheit und jahrelanger Folgeerscheinungen, stellte sich mir schon als Schulkind die Frage nach dem Wieso und Warum bestimmter Gegebenheiten, und aus einer anfänglichen Neugierde für alles, was mit Geheimnis zu tun hatte, entwickelten sich Vermutungen und die immer wiederkehrende, bohrende Frage nach dem, was man allgemein mit »geheimen Mächten« bezeichnet.

So begann nach der Schulzeit eine Schicksalsreise – zunächst im Wirrwarr von Emotionen und Illusionen, ziellos, bisweilen unglücklich, auf der unaus-

gesprochenen Suche nach innerer Zufriedenheit und dem, was wir mit Lebensinhalt definieren. Der Weg dieser Reise zeigt, wie sich nach und nach kleine und große Begebenheiten zueinander in Beziehung setzten und daraus ein Bild entstand, das schließlich zu einer Lebensbestimmung wurde.
Auf meiner Wanderung traf ich Menschen, die vermeintlich zufällig gerade dann auftauchten, wenn mein Leben eine andere Richtung nehmen sollte, sozusagen als »Erfüllungsgehilfen« eines vorgegebenen Schicksalsweges. Als mein Weg breiter wurde, ich im 36. Lebensjahr auf der ersten großen Lichtung angekommen war, verschwanden viele Hindernisse – sie lösten sich einfach auf. Diese Wandlung verdankte ich einer seriösen Unterweisung in der Astrologie und deren Möglichkeiten, bestimmte Zusammenhänge in der Lebensgestaltung zu verstehen.
Bereits von Kindheit an war ich mit einem starken Wahrnehmungsvermögen ausgestattet, und so wurde die Astrologie zu meiner Aufgabe hinsichtlich der Beratung anderer Menschen. Mit den Jahren entwickelte ich ein persönliches Erfahrungswissen, das ich den Lesern in diesem Buch vermitteln möchte. Es geht auch der Frage nach, inwieweit wir unser Schicksal selbst gestalten können und an welchem Punkt unsere Schicksalsgestaltung einer höheren Macht oder Fügung unterliegt, vor der wir uns beugen müssen.

Meine Geschichte soll dem Leser bewusst machen, wie wichtig oft die kleinen äußeren Signale am Rande des Alltags sein können, die uns einen Fingerzeig für diese oder jene Richtung geben, wenn wir dafür offen sind. Sie soll dazu ermuntern, aufmerksamer durch das manchmal verworrene Dickicht des Lebens zu gehen, um sich mit der eigenen Zeitspur vertraut zu machen.

Mit der Zeitspur ist das Gesetz gemeint, unter dem wir dieses Leben angetreten haben, unsere individuelle Schicksalslinie und Bestimmung, die wir erfüllen müssen. Jeder von uns geht in seiner eigenen Zeitspur, die die Form des persönlichen Lebens darstellt, den Schicksalsweg, den unsere Seele kennt, da sie ihn sich selbst vor ihrer Inkarnation ausgesucht hat. Das hat etwas Tröstliches.

Die Zeitspur gibt sich jedoch erst im Nachhinein zu erkennen, wenn bereits ein entsprechendes Ereignis eingetroffen ist. Sie bleibt also für uns hinter einem Vorhang verborgen. Manchmal darf sich dieser Vorhang etwas öffnen, um einen geistigen Fingerzeig für die Richtung unseres Weges zu geben. Diesen Moment hat das Unterbewusstsein genau gespeichert: den Ort, die Farben oder Gerüche, die gesamten Umstände der jeweiligen Lebenssituation. Und natürlich auch das gesprochene Wort und die Thematik der Situation.

So ist es zu verstehen, wenn man Jahre später blitzartig eine bestimmte Situation aus der Vergangen-

heit wieder erkennt, sich zum gegenwärtigen Zeitpunkt also genau das ereignet, was man schon einmal aussprach, sah oder erkannte, ohne dass man der Situation damals weitere Beachtung geschenkt hat. In solch einem Augenblick ist man in seiner eigenen Zeitspur angekommen. Sie ist also eine präzise Aufzeichnung unserer Vergangenheit.
Ich möchte den Leser anregen, bei der Rückschau in seine eigene Vergangenheit zu prüfen, ob und auf welche Weise sich seine eigene Zeitspur eventuell schon einmal zu erkennen gab.
Mit der schrittweisen Entwicklung des Bewusstseins, dem Wissen um bestimmte kosmische Zusammenhänge, verwandelte sich mein eigener Weg in eine Erlebnisreise, mit immer wieder neuen Erkenntnissen. Einmal auf einem spirituellen Pfad angelangt, will sich das Bewusstsein weiter ausbreiten. Es gibt kein Halten mehr. So öffneten sich mir Türen, gewährten mir Einlass, luden mich ein auch in andere Wirklichkeiten, jenseits von Zeit und Raum, zu Kontakten aus der Welt anderer Seinsbedingungen. Auch dahin möchte ich den Leser mitnehmen. Dort angekommen, beginnt man zu verstehen. Der Glaube wird zur Gewissheit, dass Seele und Geist unsterblich sind.

Impressionen aus der Jugend

Kurz vor meinem zehnten Geburtstag sagte meine Mutter eines Tages unvermittelt zu mir: »Eigentlich hättest du ja nach Berechnung der Ärzte vierzehn Tage später auf die Welt kommen sollen. Aber ich hatte Waldbeeren gesucht und mich zu viel gebückt. Deswegen bist du vierzehn Tage zu früh gekommen. Eine Spontangeburt sozusagen.«

»Schade«, entgegnete ich, »als Sternzeichen wäre ich lieber Löwe geworden, nicht Krebs.«

»So was darfst du nicht sagen«, rief sie. »Vor der Geburt denkt eine Mutter nur das Eine: Hauptsache gesund!«

»Ich wäre aber trotzdem lieber Löwe«, monierte ich weiter.

Sie stand vor mir, etwas ratlos mit ausgebreiteten Händen, und zuckte mit ihren Schultern.

»Ich kann es aber nicht ändern, Kind – es ist so, wie es ist.« Dann etwas bestimmter: »Was soll das überhaupt? Ständig dieses Gerede über die Sternzeichen. Frag doch nicht immer alle Leute danach. Manchmal ist es mir direkt peinlich. Kümmere dich

lieber um deine Schulaufgaben. Gestern gab es wieder im Rechnen eine Fünf. Die habe ich Papa verschwiegen. Oder geh und spiele Klavier ...«
Ich stand unzufrieden herum und drehte an meinen langen braunen Zöpfen. »Susi hat Locken, ich nicht«, begann ich erneut.
»Susi hat die Haare von Papa geerbt. Dafür kannst du besser Klavier spielen als sie. Das hast du von mir geerbt. Es gleicht sich im Leben alles aus«, verkündete meine Mutter, Sternzeichen Waage. Susi war meine jüngere Schwester.
»Außerdem ist sie immer gesund, während ich mich ständig schonen muss«, klagte ich weiter. »Gestern, als es so heiß war, hast du im Garten zu Tante Änne gesagt: ›Doro ist unser Sorgenkind. Sie darf nicht so viel in die Sonne wegen der Herzschwäche.‹ Ich habe genau gehört, wie du das gesagt hast. Tante Änne antwortete darauf, dass sie keinen Schlüpfer anhätte wegen der Hitze. Sie hat sogar als Beweis ihren blauen Rock mit den weißen Tupfen hochgehoben. Das hab ich auch gesehen.«
Meine Mutter schlug flehend die Augen zum Himmel.
»Ja, ja«, rief sie, »du siehst alles, du hörst alles, nichts ist sicher vor dir. Aber du weißt nicht alles.« Dann nahm sie mich liebevoll in ihre beschützenden Arme. »Setz dich mal dahin, ich möchte dir jetzt etwas erzählen. Das hätte ich schon lange tun sollen.«
Sie holte tief Luft. Dann begann sie:

»Als du fünf Jahre alt warst – Papa war im Krieg –, wurdest du sehr krank. Die Ärzte in der Stadt waren auch im Krieg. Es gab nur eine einzige Notärztin im Dienst für alle Einwohner und kaum Medikamente. Deine Großeltern und ich, wir dachten zunächst, du hättest eine Mandelentzündung wegen des Halswehs, und versuchten, dir mit Umschlägen, heißen Säften und so weiter zu helfen.
Als die Notärztin endlich kam, weil das Fieber immer höher stieg, stellte sie die Diagnose: schwerste Nasen- und Rachen-Diphtherie. Dein Hals war praktisch zu. Du konntest nichts mehr essen, alles kam aus der Nase wieder heraus. Die Ärztin gab dir die notwendige, jedoch verspätete Heilserum-Injektion, die, wie sich später herausstellte, auch noch zu gering dosiert war. Entweder tat sie das aus Unwissenheit oder aus der Not heraus – es war ja Krieg und die Medikamente waren knapp. Das weiß niemand.
Tatsache war, dass die Spritze keine Wirkung zeigte. Sie half nicht. Inzwischen wurde deine Atemnot immer größer und es stellten sich Erstickungsanfälle ein.
In der Nacht darauf kniete ich an deinem Bettchen und betete: ›Lieber Gott, lass sie leben! Was kann ich noch tun, damit sie weiterlebt?‹
Als die Minuten zu Stunden wurden, klingelte es plötzlich an der Haustür. Es war bereits kurz vor Mitternacht. Draußen stand eine Nachbarin, Frau Weinold. Sie hatte von deiner Krankheit gehört und flüs-

terte aufgeregt und völlig außer Atem: ›Ich kenne ein altes Mittel, das hilft. Dorothee muss sofort ihren eigenen Urin trinken, der tötet die Bakterien.‹

Also setzten wir dich auf einen Topf zum Pipi machen. Dann verschwand Frau Weinold mit dem Topf im Bad und kam mit einem Gläschen voll zurück. Das flößten wir dir ein, teelöffelweise und ganz vorsichtig, damit es nicht aus der Nase wieder herauskam. Es ging, oder besser gesagt, es sollte einfach gehen. Du versuchtest zu schlucken, ohne zu wissen, was das war. Und dann geschah ein Wunder. Noch in der selben Nacht lösten sich weiße Beläge aus Mund und Rachen. So wurde der Hals nach und nach frei davon. Die Krise war überstanden.«

Meine Mutter hatte jetzt Tränen in den Augen. Sie zündete sich eine Zigarette an und fuhr fort: »Ich habe so oft darüber nachgedacht. Das Schicksal hat gewollt, dass du lebst. Und der liebe Gott hatte dazu Frau Weinold geschickt, er konnte ja nicht selbst hier erscheinen. Und das Schicksal hat gar nichts zu tun mit Löwe, Krebs oder den anderen Zeichen. Schicksal ist eine völlig andere Sache.«

Ich hatte immer noch nicht genug von diesem Thema und erwiderte: »Vielleicht hätte ich aber diese Krankheit als Löwe gar nicht bekommen …«

»Aha, daher weht der Wind mit dem Löwen«, rief sie. Jetzt wurde sie fast böse. »Dann frag ihn doch selbst, den lieben Gott. Frag ihn, warum du so

krank werden musstest, warum er dich weiterleben ließ, was er sich überhaupt dabei gedacht hat. Aber vielleicht findest du ja selbst eines Tages die Antwort darauf. Ich kann sie dir nicht geben. Ich danke ihm jedenfalls immer für seine Hilfe. Und das solltest du auch tun.«
Da schämte ich mich und meine Mutter spürte das wohl. Sie gab mir einen dicken Kuss und drückte mich fest an sich mit den Worten: »Und nun wollen wir nicht mehr darüber reden.«
Aus heutiger Sicht setzte dieses Gespräch den Grundstein in meinem Bewusstsein, bestimmten Zusammenhängen, die mit dem Schicksal zu tun haben, im Laufe des Lebens auf den Grund zu gehen. Anders ist auch die Tatsache nicht zu erklären, dass es mir bildlich in so lebhafter Erinnerung geblieben ist. Es zog den unsichtbaren roten Faden nicht nur in die Richtung der Astrologie, sondern in späteren Jahren auch zu Phänomenen hin, die über die Astrologie hinaus in andere Dimensionen gingen.
Es fiel mir schwer, mit der sensiblen gesundheitlichen Situation umzugehen. Die Diphtherie hatte unübersehbare Symptome hinterlassen, die sich auch in plötzlichen Angstzuständen äußerten, in der Angst, keine Luft zu kriegen und zu ersticken. Wegen der Herzschwäche durfte ich teilweise nicht am Turnunterricht teilnehmen. Die Ärzte sagten, dass sich das mit der Zeit bessern werde, es aber sieben Jahre dauern könne, vielleicht noch länger.

In dieser Zeitphase blieben »meine Sterne« notgedrungen etwas im Hintergrund. Denn ich hatte genug damit zu tun, die täglichen Schulanforderungen und »Zwänge«, als was ich sie damals schon empfand, zu bewältigen.
Gleich im ersten Jahr auf dem Gymnasium entschied ich für mich selbst: Rechnen wollte ich nicht lernen, komme, was wolle. Prompt wurde mir auch vor jeder Mathematikarbeit schlecht. Ich weigerte mich bereits beim Dreisatz, dann natürlich auch beim Wurzelziehen und beim Rechnen mit Logarithmen – nicht ahnend, dass gerade dies 20 Jahre später bei der Erfüllung meiner Aufgabe Voraussetzung sein würde. So zog ich das Nicht-Rechnen-Wollen durch, konsequent sieben Jahre lang.
Dank meiner sprachlichen Begabung und der musischen Fächer konnte ich mich bis zwei Jahre vor dem Abitur durchschlagen. Im Abschlusszeugnis wurde aus der ständigen Note »mangelhaft« in Mathematik ein »ausreichend« von Seiten des Lehrers durchgesetzt, der mir meine Zukunft nicht verbauen wollte, wie er sich wohlwollend äußerte.
Meine Freundin Christel schrieb mir bei Schulabgang ins Poesiealbum: »Jeder ist seines Glückes Schmied. Schmiede und baue dir danach deine Zukunft.«
Ich dachte damals beim Lesen: Das ist ja ein merkwürdiger Vers, ob er wohl stimmt?

Auf der Suche nach dem Glück

In den Jahren darauf führte mich mein Ausbildungsweg nach Brüssel, Paris, Biarritz und Heidelberg in exklusive Sprachinternate. Tatsächlich schaffte ich auch die jeweiligen Abschlussprüfungen. Aber ich fühlte bereits, dass das nicht das sein konnte, was ich wollte.

Meinem bodenständigen Vater zuliebe (im Erdzeichen Stier geboren und daher beseelt von starkem Sicherheitsbedürfnis für sich und seine Lieben) willigte ich ein, zwei Jahre lang die Büropraxis in der Auslandsabteilung einer großen Firma in meiner Heimatstadt im Sauerland zu erlernen. Dann sei ich ausgerüstet fürs Leben und eventuelle Notfälle, wie er sagte. Er meinte es gut und wollte auf Nummer sicher gehen bei seiner unzufriedenen Tochter.

So schleppte ich mich täglich ins Büro – anders konnte man das nicht nennen. In der 30-minütigen Mittagspause schloss ich immer den Aktenraum ab und schlief dort meinen Frust aus, auf dem blanken Fußboden.

Nach genau eindreiviertel Jahren teilte ich meinen

Eltern erleichtert mit, dass ich nun zum nächsten Quartal diese Tätigkeit gekündigt hätte. Zwei Jahre seien vorbei und die Zwänge hätten endlich ein Ende.
Nach einem lauten Donnerwetter meines Vaters sprach dieser zunächst tagelang kein Wort mit mir. Was sollte nun weiter geschehen? Inzwischen war ich 24 Jahre alt und meine Freundinnen heirateten, eine nach der anderen.
Dann sagte er eines Tages amüsiert, wobei der sich über seinen grau melierten, eleganten Schnurrbart strich: »Wenn du wenigstens einen soliden Mann zum Heiraten anbrächtest, anstatt immer nur die Trauzeugin zu spielen. Du könntest schon längst verheiratet sein, an Verehrern hat es ja nun wirklich nicht gefehlt. Aber du weißt nicht, was du willst, du hast kein Ziel. Es geht euch einfach zu gut unter unserem Dach. Ich hätte strenger sein sollen mit dir und deiner Schwester.«
Noch heute erinnere ich mich genau an diese Situation. Das war 1960. Ich saß im Wohnzimmererker in seinem blauen Klubsessel und blätterte in der »Madame«, die es damals schon gab. Das heißt, ich studierte die Monatshoroskope von Herbert Löhlein. Ebenso amüsiert antwortete ich: »Weißt du, Papa, was Doro eines Tages tut? Sie wird Horoskope schreiben.«
Für den Bruchteil einer Sekunde befand ich mich bei diesen Worten in meiner Zeitspur, was ich aber

zu dem Zeitpunkt nicht wissen konnte, da sich die Zeitspur ja erst im Nachhinein offenbart.
Mein Vater schüttelte nur den Kopf und murmelte resigniert: »Das kann doch nicht dein Ernst sein. Dann müsstest du zuerst mal Rechnen lernen. Oder bin ich da falsch informiert?«
Das Schicksal nahm jedoch zunächst einen anderen Lauf. Ich folgte dem Vorschlag meiner in München studierenden Schwester, mein Glück dort zu versuchen. Sie hatte eine Wohnung in der Elisabethstraße bezogen, die groß genug für uns beide war. Und das Glück präsentierte sich, kaum dass ich Münchner Boden betreten hatte, in Gestalt von Jochen Kasten, meinem späteren Ehemann. Schon bei der ersten Begegnung hatte ich das untrügliche Gefühl, dass an ihm kein Weg vorbeiführen würde. Auch wenn alle Umstände in den Augen unserer Eltern dagegen sprachen. »Das kann nie gut gehen«, wiederholten sie fortwährend. Doch unsere Liebe und das Schicksal verbanden sich gegen den Rest der Welt.
Anfang 1963 zogen wir nach Wiesbaden, weil Jochen beim ZDF als Kameramann tätig wurde. So erlebten wir die frühen Anfänge des Senders aus nächster Nähe. Ich spürte bald, dass ich den Unregelmäßigkeiten, die mit Jochens Arbeit verbunden waren, mehr schlecht als recht gewachsen war. Jochen war im beweglichen Zeichen Zwillinge geboren und mit den typischen Eigenschaften eines

Zwilling-Mannes ausgestattet: Am liebsten war er immer unterwegs, möglichst an mehreren Orten zur gleichen Zeit, immer dort, wo »Betrieb« war. Er war naturgemäß in seinem Element und lebte auf, wenn es hieß: AÜ, was so viel bedeutete wie »Außen-Übertragung«. Für ihn hieß das, dass er mit einem Team auf Reisen gehen konnte – während ich am Kurpark die Stellung hielt (das Schicksal einer häuslichen Krebs-Frau?)
Während dieser Zeit begann ich, in einem Architekturbüro zu arbeiten. Und hatte nun doppelten Grund zum Klagen: die Ehe, sprich das Alleinsein, und die Arbeit, obwohl diese genau das beinhaltete, was ich gelernt hatte, nämlich Fremdsprachenkorrespondenz. Beides machte mich unglücklich. Nichts entsprach meiner Vorstellung. Aber Alternativen fielen mir auch nicht ein. Statt dessen wanderte ich mit dem Gesicht eines Pechvogels umher. In einer solchen Verfassung – bedrückt und unzufrieden – saß ich eines Tages im Café Blank auf der Wilhelmstraße, Wiesbadens Prachtallee, mit Jochens Großmutter Eli. Eli war die erste von drei Ehefrauen, mit denen Baron von Speth zu Schülzburg, Jochens Großvater, verheiratet gewesen war. Sie arbeitete zum damaligen Zeitpunkt als Staatsbibliothekarin in Mainz. Seit dem ersten Augenblick unseres Kennenlernens bewunderte ich, wie sie ihr Leben allein meisterte.
Wir saßen draußen, der Nachmittagsverkehr flute-

te an uns vorüber, Fahnen vieler Nationen wehten im lauen Frühlingswind. Um uns herum elegantes Publikum – Wiesbaden hatte seine Mai-Festspiele. Eli, groß, blond, schlank, elegant, passte in dieses Bild wie in eine Filmszene. Obwohl sie schon Ende 50 war, zog sie immer noch Blicke von Männern auf sich. Sie hatte einfach Stil und ein gutes Auftreten. In Gedanken versunken, registrierte ich dies alles aus der Ferne, obwohl ich doch mittendrin im Geschehen saß. Dann hörte ich plötzlich meine eigene Stimme sagen: »Weißt du, wenn ich dich hier so sehe, sehe ich mich selbst in 30 Jahren.«

»Was meinst du damit?«, fragte Eli. »Was soll das heißen?«

»Ich sehe mich allein, so wie du es heute bist. Und ich sehe mich arbeiten, aber mit Freude. Im Gegensatz zu heute! Allerdings«, fügte ich einschränkend hinzu, »fehlt mir wahrscheinlich deine Eleganz. Aber vielleicht ist die ja auch gar nicht so wichtig für mich.«

Eli lachte. »So weit im Voraus solltest du nicht denken.«

Sie rollte das »r« bei dem Wort »voraus« in dieser gediegenen Art, wie es nur Menschen vermögen, die aus Lettland stammen. Eli war in Riga geboren. Eine leichte Gänsehaut überkam mich bei dem Wort »vorausdenken«, die für mich zu einem Signal werden sollte, Jahre später. Ein zweites Mal war ich in meiner Zeitspur gelandet, ungewollt und nicht wissend, dass es später tatsächlich so kommen würde. Und nicht ahnend, dass ich die erste von drei Frauen war, die Jochen im Laufe seines Lebens zum Altar führte. Er ging in den Fußstapfen seines Großvaters.

Begegnung mit Uranus

Die zahlreichen Reisen von Jochen ließen mich immer mehr ins Grübeln kommen. Ich wurde einfach nicht mit der Gesamtsituation fertig. Als ich erfuhr, dass ein berühmter Hellseher namens Uranus in einem Hotel in Mainz gastieren würde, ließ ich nicht locker, bis ich endlich einen Termin bekam. Im Geheimen hoffte ich, dass dieser Uranus mir voraussagen würde, wie alles weiterging. Wann kam schon einmal ein berühmter Hellseher! Damals herrschten noch andere Verhältnisse als heutzutage. Viele Menschen genierten sich zuzugeben, dass sie einen Wahrsager aufsuchten, und setzten Sonnenbrillen auf, um nicht erkannt zu werden. Man hörte und las zwar ab und zu Geschichten aus Hollywood, wo sich Filmstars mit einem Hellseher umgaben. Bei uns war das jedoch noch nicht üblich.

Ich begab mich also in dieses Hotel zu dem verabredeten Termin mit Herrn Uranus. Noch heute erinnere ich mich an den langen, schmalen, etwas dunklen Gang, der zu seinem Zimmer führte. Stühle standen an den Wänden aufgereiht, einige Leute warteten bereits. Die schummerige Beleuchtung des Hotelganges empfand ich wie ein Notlicht in der Nacht.

Klopfenden Herzens saß ich nun da, endlos lange, wie mir schien. Ab und zu verschwand jemand lautlos hinter dieser Tür oder kam wieder aus dem Zimmer heraus. Dann Gemurmel im Hintergrund, und da – ein Lachen!

Ob das wohl alles Hand und Fuß hat, ging mir durch den Kopf.

Dann hörte ich irgendwann: »Frau Kasten, bitte!«

Ich schreckte zusammen. Im Türrahmen stand ein gemütlich aussehender, etwas korpulenter älterer Herr mit grau meliertem Haar: Uranus. Befreit atmete ich auf, er sah Vertrauen erweckend aus. Kein schwarzer Rabe in Sicht und keine umherschleichenden Katzen in seinem Zimmer. Im Gegenteil, die warme Nachmittagssonne schien durch das Hotelfenster.

Von den Dingen, die Uranus mir prophezeite (er las aus den Händen), blieb mir rein gar nichts in Erinnerung, bis auf Eines. Und dieses Eine hat mich bis heute bezeichnenderweise nicht losgelassen. Er prophezeite: »Sie werden mit 70 Jahren an einem Herzschlag sterben. Ich sage Ihnen dies auch nur deshalb, weil es der schönste Tod ist, den man sich wünschen kann.«

Aus die Maus! Mit 70 Jahren!

»Ich bitte dich inständig, verschone uns mit solch makabren Geschichten«, rief mein Vater damals entsetzt, als ich ihm freudestrahlend von diesem Ereignis erzählte. »Stell dir doch bitte dein 69. Lebensjahr vor! Kein Tag wird vergehen ohne diesen Gedanken, und am 70. Geburtstag trifft dich dann vor Aufregung der Schlag. Eine derartige Prophezeiung ist spektakulär, sonst nichts, und obendrein unqualifiziert. Du wirst eines Tages noch an mich denken. Solche Leute gehören eingesperrt.«

»Aber das ist doch noch so lange hin, und wer weiß, was in 40 Jahren los sein wird«, dachte ich etwas verunsichert.

Wie Recht mein Vater letztendlich hatte mit seiner Kritik, dass man solche Prognosen nicht in die Welt setzen darf, musste ich mit den Jahren erst noch lernen.

Finale in Monte Carlo

Einige Monate gingen wieder ins Land. Wiesbaden brütete in der Julihitze. In mir braute sich auch etwas zusammen, wie vor dem Ausbruch eines Gewitters, doch konnte ich dieses Gefühl nicht einordnen. Meine seelische Verfassung war jedenfalls auf dem Nullpunkt angelangt.

Jochen reiste indes vergnügt nach Monte Carlo zu der Live-Sendung »Der goldene Schuss« mit Lou van Burg. Für die Proben bis zur Sendung waren zehn Tage angesetzt. Meine Mutter erschien plötzlich in Wiesbaden mit der Erklärung, sie habe das Gefühl, nach dem Rechten sehen zu müssen.

Am Sendeabend, es war wie immer ein Donnerstag, hockten wir zwei vor dem Fernsehapparat. Lous Assistentin Christine machte die Live-Ansage aus Monte Carlo. In dem Augenblick, in dem sie auf dem Bildschirm erschien, fühlte ich mich wie elektrisiert, saß angewurzelt im Sessel und hörte mich sagen: »Jochen betrügt mich mit dieser Christine – ich spüre es deutlich bis hierher. Obendrein sieht sie auch noch so aus wie ich …«

Mit dieser Behauptung entlud sich das seit Tagen brodelnde Gewitter in mir. Meine Mutter versuchte, mich zu beschwichtigen, wie das Mütter so machen. Das sei doch alles Einbildung, schon als Kind hätte ich mir alles Mögliche eingebildet …
Aufgebracht rief ich: »Monte Carlo war schon einmal der Albtraum für mich, als ich dort in der Hitze ohnmächtig wurde auf der Reise mit dir, weißt du noch?«
»Das hat doch jetzt damit nichts zu tun«, meinte sie kopfschüttelnd und sichtlich traurig.
Ich hörte gar nicht mehr hin. Seltsamerweise war ich irgendwie erleichtert, auch wenn es in dem Augenblick noch gar keinen Beweis für diese Vermutung gab. Das heißt, für mich war es ja keine Vermutung, sondern Gewissheit. Monte Carlo war für mich gestorben.
Leider blieb es auch nach Jochens Rückkehr bei dieser Gewissheit. Meine »Antennen« hatten mich nicht getäuscht.
Damals habe ich immer wieder versucht, dem »Augenblick der Wahrheit« auf die Spur zu kommen, zu verstehen, wieso die Bildausstrahlung so stark gewesen war und mich so blitzartig getroffen hatte. Ich kam unter anderem zu der Erklärung, dass es die Kamera von Jochen war, welche Christines Ansage übertrug, und nicht die eines Kollegen. Heute weiß ich, dass ich damals in Sekundenschnelle eine präzise telepathische Übermittlung in

Bezug auf die gerade in Monte Carlo vorherrschende Situation erhielt.
So stand ich vor einem Scherbenhaufen, der zu groß war, wie ich meinte, um noch einmal gekittet werden zu können. Mein Bewusstsein sagte mir, dass sich hier unsere Wege trennen, dass jeder von uns beiden ein anderes Schicksal haben wird. So wie ich Jahre zuvor bei unserem ersten Zusammentreffen spürte, dass an einer Beziehung zwischen Jochen und mir kein Weg vorbeiführt.
Nach einigen dramatischen Szenen mit Tränen, gegenseitigen Vorwürfen, aber auch neuen Gehversuchen, die immer wieder scheiterten, landete ich schließlich wieder in München. Wir trennten uns in Freundschaft. Von Scheidung war noch keine Rede.
Einziger Kommentar meines gütigen Vaters war: »Du kannst einfach nichts durchhalten auf die Dauer – das war schon früher so.«
Worauf ich etwas entmutigt antwortete: »Dann muss ich eben ein Leben in Etappen leben ...«

Der Umweg zum Ziel

Nach meiner Rückkehr nach München 1967 befand ich mich in dem Zustand eines Vakuums. Ich wurde das Gefühl nicht los, freiwillig »ins Exil« gegangen zu sein. In wehmütiger Erinnerung an glückliche Zeiten machten sich allergrößte Zweifel breit, legten sich wie ein dunkles Laken auf meine verletzte Seele. Ich fühlte mich mehr als elend, lebensunfähig, wie ein Versager, und suchte verzweifelt nach Schuldigen für diesen Zustand.

In mir entstand eine Revolte gegen das Stadtleben, die sich besonders dann steigerte, wenn sich ein strahlend blauer Himmel mit brennender Sonne über München ausdehnte. Was hatte ich hier zwischen Häuserwänden und Straßenzügen zu suchen? An einem solchen Tag des inneren Unfriedens blinzelte ich, leise vor mich hin weinend und in Selbstmitleid versinkend, aus dem Fenster in Richtung Autobahn. Der Himmel war unerbittlich blau. Etwas muss sich sofort ändern, dachte ich. Aber was, das war mir noch nicht klar. In diesem Moment wurde der Grundstein für meine nächste

Lebensetappe gelegt, und der gnadenlos blaue Himmel tat, aus heutiger Sicht lange vorherbestimmt, das seinige dazu.
So düste ich noch am gleichen Tag in meinem alten weißen VW-Cabriolet auf die Autobahn Richtung Salzburg. Es ist schon verrückt, was man tut, wenn sich das Schicksal vollziehen soll!
Ich ließ mich einfach führen, ohne ein Ziel. Nur von dem Gedanken besessen, die Erde unter den Füßen zu spüren, über grüne Wiesen zu gehen, Natur atmen zu wollen.
In Weyarn bog ich in Richtung Miesbach ab und fand mich dann in Schliersee wieder. Während ich dort an einer Ampel warten musste, las ich ein Schild, auf dem stand: Wochenendwohnung auf der Schliersbergalm zu vermieten.
Ohne zu überlegen, bog ich links ab, fuhr den Dekan-Meier-Weg bis ganz oben hoch und landete direkt in dem Garten von Frau Weyerer.
Es passte wieder alles zusammen, wie man so sagt. Frau Weyerer stand im Garten und hing Wäsche auf die Leine. »Wie im Märchen«, schoss mir so durch den Kopf. Sie vermietete mir noch am gleichen Tag diese Wohnung mit Blick auf den See und in den Himmel.
»Ich weiß nicht, was ich dazu sagen soll«, resümierte meine Mutter, als sie das hörte. »Jetzt bist du schließlich am Ort deiner Zeugung angelangt. Papa und ich haben unsere Hochzeitsreise im Oktober

1935 zur Schliersbergalm gemacht. Das muss doch eine Bedeutung haben …«
Heute weiß ich, dass diese Wohnung dem Schicksal sozusagen als »Erfüllungsgehilfe« diente, damit eine neue Lebenssituation entstehen konnte.
Neue Situationen im Leben müssen entstehen, damit man Menschen begegnen kann, die während eines bestimmten Zeitabschnitts Einfluss auf unser Leben nehmen. Sowohl in der äußeren Gestaltung des Lebensrahmens als auch in der persönlichen Entwicklung. Inwieweit sich solche Begegnungen allerdings auf die Dauer als fruchtbar und haltbar erweisen, muss jeder für sich selbst herausfinden. Immer aber finden sie unter dem gleichen Aspekt statt: Sie werden uns zugeführt ohne unser direktes Dazutun, wenn der Zeitpunkt dafür gekommen ist.
So wurde mir kurz darauf Wolfgang zugeführt. Direkt ins Haus. Er begleitete meine Freundin Julia, die sich mein neues Domizil ansehen wollte. Julia erklärte, ihr Auto sei in München in der Werkstatt und Wolfgang hätte sich angeboten, sie nach Schliersee zu fahren.
Wolfgang (Sternzeichen Löwe) machte bei unserer Begegnung keinen Hehl daraus, wie sehr ich ihm gefiel. In den folgenden Wochen möbelte sein ständiges Werben um mich mein verloren gegangenes Selbstbewusstsein auf. Ich ließ alles geschehen in dem Bewusstsein: typisch Löwe, ein Eroberer …

Seine Vorstellung von einem Landleben mit Pferden auf einem Hof kam mir mehr als gelegen. Ich war geblendet von diesem Gedanken, noch nicht wissend, dass bereits Neptun als Verführer, als Planet der Auflösung aller Illusionen, seine verhängnisvollen Fühler nach mir ausstrecken würde.
So ging alles sehr schnell, wie das so ist, wenn zwei das Gleiche wollen. Wir machten uns auf die Suche nach einem Bauernhof mit dem Ziel, Pferde zu halten. Das Schicksal spielte uns den Hintereckartshof zu – ein idyllisch gelegener Hof in Agatharied, gegenüber der »Eck«, auf einem Hügel gelegen mit Blick auf das ganze Umland. Es verschlug mir den Atem. Ich empfand die Lage des Hofes als so faszinierend, dass es mich überhaupt nicht störte, in welchem desolaten Zustand das Haus war. Der Gedanke, hier leben zu können, war so überwältigend, dass ich vermutlich auch ein Zelt aufgeschlagen hätte.
Eines wusste ich jetzt ganz sicher: Hier, aus diesem Landstrich, wollte ich nicht mehr fort – hier gehörte ich hin. Es war so, wie der Spruch sagt: Heimat findet in der Seele statt und nicht im Kopf.
Die Jahre, die nun folgten, gehören bis zum heutigen Tag zu den außergewöhnlichsten in meinem Leben, weil sie den gewohnten Rahmen sprengten. Die Pferdebesessenheit von Wolfgang griff in Windeseile auch auf mich über. Als das erste Pferd im Stall stand, zogen wir gemeinsam auf den Hof.

Das Leben auf dem Hof, der Umgang mit den Pferden, mein Schäferhund mit Namen Festus, die Renovierungsarbeiten für den völlig heruntergewirtschafteten Hof bei unserem Einzug, die Anlage des Reitplatzes, all das forderte mich physisch oft bis zur totalen Erschöpfung. Ich roch nach Pferdestall, meine Kleidung, meine Haare, eben alles, und das zu jeder Tages- und Nachtzeit. Freunde und Bekannte, einschließlich meine Familie, mussten den Eindruck gewinnen, dass ich endlich auf diese Weise, an genau diesem Platz, die Erfüllung meines Lebens gefunden hatte, nach dem Motto: Und da lebten sie glücklich und zufrieden bis an ihr Lebensende.

Vielleicht wäre dies auch geschehen, wenn, ja, wenn es nicht gerade diese Station des Lebens gewesen wäre, die mich dann unweigerlich und vorherbestimmt endgültig in die Arme der Astrologie geworfen hätte.

Wolfgang und ich lebten nun vier Jahre auf dem Hof, als ich immer deutlicher spürte, dass etwas zwischen uns nicht mehr stimmte. In einer stillen Stunde begann ich nachzurechnen, mir Rechenschaft abzulegen über den Rhythmus meiner Vergangenheit. Sollte die Entwicklung erneut auf eine Trennung zulaufen? Ich ging bereits schwanger mit diesem Gedanken. Die Worte meines Vaters kamen mir ins Gedächtnis: Du kannst einfach auf die Dauer nichts durchhalten … Was war los mit mir?

Es kam schließlich, wie es kommen musste. Als Wolfgang eines Abends bei dem ersten Versuch, die hoch sensible, aber schreckhafte Stute Halissa einzureiten, vor meinen Augen im hohen Bogen abgeworfen wurde, regungslos am Reitplatz liegen blieb und lakonisch bemerkte: »Sollte ich jetzt gelähmt sein durch den Sturz, möchte ich aber nicht, dass du aus Mitleid bei mir bleibst« – da war ich sprachlos. Hatte er meine Gedanken gelesen?
Ich half ihm beim Aufstehen. Alles war heil geblieben, gottlob. Halissa rannte wie wild geworden umher, aber es gelang mir, sie einzufangen. Als ich sie fest am Halfter hatte, sagte ich: »Du musst sofort wieder aufsitzen und es noch einmal mit ihr versuchen. Morgen ist es zu spät, dann macht sie mit dir, was sie will.«
»Ich weiß das«, entgegnete Wolfgang pikiert, sein Löwe-Stolz war empfindlich verletzt.
Er stieg noch einmal in den Sattel. Halissa hielt still und dieses Mal klappte es. Insgeheim bewunderte ich seinen Mut.
Wie ich so dastand am Rande des Reitplatzes und auf die gegenüberliegende »Eck« blickte, stahl sich die untergehende Abendsonne durch die Wolkendecke, tauchte einen Moment lang die Landschaft in Violett und Orange und brachte mit letzter Kraft noch einen Gedanken ans Licht zu mir, bevor sie endgültig unterging: Es ist wieder so weit, es ist Zeit zum Abschied nehmen …

Als wir drei zum Stall zurückgingen, war meine Entscheidung getroffen.
»Ach übrigens, ich möchte den Hof verlassen. Ich fühle, dass wir zusammen nicht mehr glücklich sein können. Ich kann nicht erklären, warum. Ich weiß einfach, dass es so ist«, sagte ich, als würde es mir leicht fallen. Dann fügte ich hinzu: »Aber ich bleibe hier am Tegernsee.«
Die Wochen nach dieser Entscheidung gehörten lange Zeit zu den dunklen, wunden Punkten in meinem Leben, obwohl sie doch letztlich die Geburt einer neuen Ära einläuteten. Ich sagte zu Wolfgang: »Ich nehme nur meinen Bauernschrank mit, sobald ich weiß, wo ich bleibe.«
Den hatte ich beim Kauf von Halissa auf dem Gestüt Wörnsmühl in der Sattelkammer entdeckt. Ich ging vom Hof und ließ alles zurück.
Als ich lediglich mit zwei Koffern und einigen Taschen wieder in München landete – meine damalige Wohnung in Schwabing hatte ich all die Jahre beibehalten –, stand Julia zum Empfang in der Tür.
Sie stemmte die Arme in die Hüften und rief: »Das ist jetzt das zweite Mal im Abstand von fünf Jahren, dass ich dich so sehe. Wie konntest du nur alles wieder im Stich lassen! Wie viel Geld und Arbeit hast du da investiert!«
»Ganz zu schweigen von der Liebe«, entgegnete ich bockig. »Aber anscheinend ist das der Weg, den

ich zu gehen habe. Eine andere Erklärung fällt mir auch nicht ein.«
Erst nach und nach wurde mir bewusst, was ich alles verlassen hatte, wieder ohne eine Alternative. Besonders der Verlust der Tiere war so schmerzlich, dass ich wochenlang morgens weinend aufwachte. Die Worte von Julia: »Doro, weinst du schon wieder?« klingen noch heute in meinen Ohren, als sei dies alles gestern gewesen.
In dieser Zeitphase erreichte mich ein Anruf von Jochen mit der Bitte um Scheidung. Er wollte ein zweites Mal heiraten. Da wir all die Jahre in Freundschaft verblieben waren, sagte ich zu ihm: »Mach alles, wie du es möchtest. Nur erspare mir den Gang zum Gericht, das würde mir das Herz brechen.«
Obwohl unser beider Leben seit meinem Weggang aus Wiesbaden in extrem verschiedene Richtungen verlaufen war, traf mich bei seinem Anruf fast der Schlag. Das Gespräch machte meinen traurigen Zustand noch verlassener. Entsetzt sagte ich zu Julia: »Nun habe ich auf der Stelle gleich zwei Männer verloren.«
Julia musste über meine Klagen lachen. »Du verdrehst die Tatsachen«, meinte sie kopfschüttelnd. »Du scheinst zu vergessen, dass du es warst, die jedes Mal weggegangen ist.«
Schließlich erfuhr der von mir sehr verehrte Schauspieler Ernst-Fritz Fürbringer, der Vater meiner Freundin in München, von meinem desolaten Zu-

stand. Auf seine Empfehlung hin konsultierte ich die Astrologin Dorothea Riedel in der Mauerkirchnerstraße. Das war im Frühjahr 1973. Ich war inzwischen 36 Jahre alt.

»Mein liebes Kind«, sagte Frau Riedel, »dies ist das Horoskop einer typischen Spätentwicklung mit der klassischen Konstellation eines Menschen, der erst Mitte Dreißig seinen Weg findet.«

»Soll das etwa heißen, dass ich jetzt ganz von vorn anfange?« Ich muss ziemlich ungläubig dreingeschaut haben.

Frau Riedel fuhr fort: »Neptun, der Planet des Wassers und der Tränen, der Zerstörer von Illusionen, aber auch der Planet der Intuition und des Unbewussten, hat seine Verwirklichung jetzt im 36. Lebensjahr. Das heißt, Tränen sind nun genug geflossen in der Vergangenheit, davon hat Neptun genug. Jetzt aber bietet er Ihnen die Hand zur Versöhnung, ein großes Geschenk, den mentalen Bereich, die Entwicklung Ihrer Intuition und die Erkenntnis von Schicksalsabläufen. Diese Gabe und diese Chance sollten Sie nutzen, beruflich gesehen auch für andere Menschen. Wenn Sie wollen, erteile ich Ihnen Unterricht in der Astrologie.«

Ich brauchte keine Minute für die Antwort: »Ja. Genau das will ich.« Als hätte ich jahrelang auf diesen Augenblick gewartet.

Es war das wichtigste ›Ja‹ meines Lebens. Ich wusste: Jetzt bin ich endlich am Ziel.

Die Lehrstunden der Astrologie

Mit dieser Entscheidung begann sich mein Dasein schlagartig zu ändern. Ich spürte zum ersten Mal, was es bedeuten kann, etwas zu erlernen, für das tief im Innern ein wirkliches Interesse besteht. Diese Triebfeder, die so wichtig für den persönlichen Erfolg ist, hatte ich vorher nie empfunden. So stellte sich auch ein Zustand des Glücklichseins und der inneren Zufriedenheit bei mir ein, den ich ständig gesucht und bis dahin nie gefunden hatte, aus Unkenntnis meiner persönlichen Anlagen und Möglichkeiten. Ich fühlte, dass ich bei meiner Lebensbestimmung angekommen war.

Frau Riedel begann den Unterricht mit der Handanalyse. Aber schon nach wenigen Stunden wusste ich, dass mir diese Art der Auslegung hinsichtlich Charakter und Veranlagung eines Menschen, seiner Dispositionen für eventuelle Krankheiten bzw. überhaupt eine sich aus Handlinien ergebende Lebensprognose nicht liegen würde.

»Das ist mir zu vage, zu ungenau«, sagte ich eines Tages zu ihr. Verblüfft schaute sie mich an.

»Wenn ich beispielsweise die Hände meiner Mutter betrachte«, fuhr ich fort, »sind diese meinen Händen sehr ähnlich. Nicht nur von der Form her, auch in der Linienführung der Innenhand. Man sieht, dass ich die Hände meiner Mutter geerbt habe. Sie hat aber ganz andere Charaktereigenschaften als ich und in der Qualität der Zeit ist ihr gesamtes Leben bis Mitte Dreißig – das ist so alt, wie ich heute bin – anders verlaufen als mein Leben bis zum heutigen Zeitpunkt. Daraus ziehe ich den Schluss, dass mir bei der Handanalyse eine genaue zeitliche Prognose fehlt. Auf diese kommt es den Menschen aber an. Die meisten Menschen wollen eine solche Prognose, so wie ich selbst, als ich zu Ihnen kam.«
»Gut«, bemerkte Frau Riedel. »Das ist Ihr Steinbock-Aszendent, der da spricht. Ich bin gar nicht erstaunt. Dann müssen wir jetzt zunächst das tun, was Sie ein Leben lang vermieden haben zu tun, nämlich Rechnen lernen. Denn der Weg zum Horoskop beginnt mit Mathematik.«
Ich grinste. Dann fragte ich erschrocken: »O Gott – auch mit Wurzelziehen?«
Unser Mathematiklehrer, ausgerechnet mit dem Namen Zahn, fiel mir ein.
Frau Riedel: »Nein, keine Wurzeln, aber interpolieren sollten Sie beispielsweise können und Logarithmen bilden …«
Wehmütig dachte ich an meinen Vater und die

damalige Situation im Erker bei uns daheim – dreizehn Jahre war das nun her.
Damit war ich in meiner eigenen Zeitspur angekommen, die ich damals »gesehen« hatte, aber nicht einordnen konnte.
»Wenn Rechnen die Voraussetzung ist, dann gehe ich jetzt durch diese Lehrstunde«, sagte ich ruhig. »Anscheinend kann man sich doch wirklich vor nichts, aber auch gar nichts im Leben drücken.«
»So ist es«, flötete Frau Riedel. »Spät kommt sie, die Einsicht, aber sie kommt!« Dann meinte sie im gleichen Atemzug: »Das Bewusstsein der Menschen wird sich in den nächsten 50 Jahren gewaltig ändern. Es wird die Zeit kommen, in der Astrologie und das Wissen darum einfach zum Leben dazugehören wird. Vielleicht wird man eines Tages sogar in den Schulen Kurse einführen, wie dies heute bereits in östlichen Ländern der Fall ist.«
»Ich habe nicht den geringsten Zweifel, dass ich im Gebiet der Grenzwissenschaft bestens aufgehoben bin. Jetzt werde ich das lernen«, antwortete ich. »Außerdem habe ich vor dreizehn Jahren meinem Vater bereits verkündet, dass es so kommen wird.«
So lernte ich endlich Rechnen, und dies sogar schneller, als ich insgeheim befürchtet hatte. Schon nach kurzer Zeit meinte Frau Riedel schmunzelnd: »Damit das nun nicht in dieser trockenen Art und Weise weitergeht, wollen wir uns grundsätzlich Folgendes verdeutlichen:

Wie Sie wissen, gehört unsere Erde zum Sonnensystem. Um die Sonne ziehen Planeten, zu denen auch unsere Erde gehört, entgegen dem Uhrzeigersinn ihre Bahn. Bei ihrem Lauf um die Sonne verändern die Planeten ständig ihre Position zueinander. Das bedeutet, dass jeder Augenblick eine neue, andere Qualität erhält.
Bei der Erstellung des Horoskops sind wir jedoch nur an der Position der Planeten zueinander im Augenblick der Geburt interessiert. Es ist die Qualität des Kräftespiels am ›Himmel‹ während der Geburtsminute, die wir berechnen und die wir in das Geburtshoroskop eintragen. Ein Horoskop (der Name ist abgeleitet aus dem griechischen Wort *hora* = die Stunde), ausgestellt auf den Tag, die Stunde, auf das Jahr und den Geburtsort, zeigt also die momentane kosmische Schwingung an, die durch die Stellung der Planeten zueinander dargestellt wird und in etwa vergleichbar ist mit einer Wetterkarte, die uns heutzutage auf dem Bildschirm vorgeführt wird.
Die Astrologen sind sich einig, dass der Mensch den Stempel dieser kosmischen Schwingung trägt. ›Geprägte Form, die lebend sich entwickelt‹, waren schon Goethes Worte.
Die Planetenkonstellation eines jeden Tages ist in den Gestirnstandtabellen, auch Ephemeriden genannt, ersichtlich. Die Ephemeriden sind nicht nur astrologische, sondern auch astronomische Nach-

schlagewerke, welche von der amerikanischen NASA erstellt und herausgegeben werden. Sie zeigen den täglichen Planetenstand in den jeweiligen Tierkreiszeichen an. Alle für die astrologische Deutung wichtigen Planeten sind darin vermerkt: Sonne, Mond, Neptun, Uranus, Saturn, Jupiter, Mars, Venus, Merkur, Pluto und Mondknoten (wobei der Mondknoten kein Planet, sondern ein sensitiver Punkt ist, der jedoch wie ein Planet behandelt wird).

Nun ist Astrologie ein uraltes Wissen, welches Jahrtausende überdauert hat. Bereits ca. 200 Jahre v. Chr. entstanden nachweislich die Aufgangszeiten der zwölf Tierkreiszeichen Widder, Stier, Zwillinge, Krebs, Löwe, Jungfrau, Waage, Skorpion, Schütze, Steinbock, Wassermann und Fische. Ebenso wurden bereits Positionen von Planeten berechnet. Die Astrologie ist schon immer eine Symbolwissenschaft gewesen und so basiert sie auch heute noch auf der Symbolik der einzelnen Planeten und der einzelnen Tierkreiszeichen. Sie zieht daraus bestimmte Schlüsse, sei es hinsichtlich Charaktereigenschaften, Stärken oder Schwächen eines Menschen oder hinsichtlich einer Prognose (welche Planeten z.B. Einfluss nehmen im zukünftigen Geschehen und was die Symbolik dieser Planeten aussagt).

Man deutet die Planeten also nicht als ›Sterne‹ am Himmel, die dieses oder jenes ›verursachen‹, sondern erkennt in ihnen symbolische Kräfte und Ent-

sprechungen, aus denen heraus der Mensch denkt, fühlt oder handelt.
Damit öffnet sich auch die Tür zu einem neuen, anderen Bewusstsein. Man lernt die Menschen in ihren persönlichen Verhaltensweisen besser verstehen, wenn man weiß, dass dieser Freund beispielsweise impulsiv reagiert, weil er unter einem Mars-Einfluss geboren wurde, oder jene Freundin unter einem ›Schönheitstick‹ leidet, weil sie eine doppelte Waage ist und somit die Venus ihr Dasein beherrscht.
Jedes der zwölf Tierkreiszeichen untersteht einem ›herrschenden‹ Planeten, wie die folgende Tabelle zeigt.«
Frau Riedel schob ein Blatt über den Tisch, auf dem die Tabelle aufgezeichnet war. »Daher ist die Kenntnis von der Symbolik der Planeten als Grundvoraussetzung zur Deutung eines Horoskops unumgänglich.«

Tierkreis-Zeichen	*Herrschender Planet*	*Symbolische Bedeutung*
WIDDER 21. 3. – 20. 4. Element Feuer	MARS	ICH BIN Energie – Tatkraft – Wagemut – Ungeduld
STIER 21. 4. – 20. 5. Element Erde	VENUS	ICH HABE Liebe – Genuss – Sicherheitsbedürfnis – Finanzen

Tierkreis-Zeichen	*Herrschender Planet*	*Symbolische Bedeutung*
ZWILLINGE 21. 5. – 21. 6. Element Luft	MERKUR	ICH DENKE Kommunikation – Vermittlung – Beweglichkeit – Gewandtheit
KREBS 22. 6. – 22. 7. Element Wasser	MOND	ICH FÜHLE Seele – Instinkt – Mutter – Frau – Familie – Volk
LÖWE 23. 7. – 23. 8. Element Feuer	SONNE	ICH WILL Lebenswille – Vitalität – Selbstdarstellung – Machtstreben – Vatersymbol
JUNGFRAU 24. 8. – 23. 9. Element Erde	MERKUR	ICH ANALYSIERE Verstand – Analyse – Kritik – Ordnung
WAAGE 24. 9. – 23. 10. Element Luft	VENUS	ICH GLEICHE AUS Harmonie – Liebe – ausgeprägtes Empfinden für Schönheit, Kunst, Partner und Ehe
SKORPION 24. 10. – 22. 11. Element Wasser	PLUTO	ICH BEGEHRE höhere Gewalt – unsichtbare Macht – Regenerationsfähigkeit – Leidenschaft
SCHÜTZE 23. 11. – 21. 12. Element Feuer	JUPITER	ICH STREBE EMPOR Optimismus – Weltanschauung – Gesetz – Glück – Symbol für Wohlstand – innerer wie äußerer Reichtum

Tierkreis-Zeichen	*Herrschender Planet*	*Symbolische Bedeutung*
STEINBOCK 22. 12. – 20. 1. Element Erde	SATURN	ICH NUTZE Konzentration – Vertiefung – Pflichtbewusstsein – Geduld – Hemmung
WASSERMANN 21. 1. – 19. 2. Element Luft	URANUS	ICH WEISS Umwälzung – Wandlung – Freiheitsliebe – Reformen
FISCHE 20. 2. – 20. 3. Element Wasser	NEPTUN	ICH GLAUBE Einfühlung – Sensibilität – Illusion und Vision – Aufopferung

Dann fuhr sie fort: »Die Tabelle zeigt, wie sich der Einfluss der Sonne in dem jeweiligen Tierkreiszeichen auswirkt, in dem sich die Sonne zur Zeit der Geburt aufhält. Diese Sonnenstellung ist als charakterliche Grundtendenz oder als Wesenskern zu verstehen, der sich auch aus jahrzehntelang durchgeführten Statistiken ergeben hat.
Erst wenn Sie diese Tabelle beherrschen, werden wir uns mit den Aszendenten beschäftigen, vorher nicht.«
Frau Riedel praktizierte eine Art zu unterrichten, die mich von Mal zu Mal neugieriger werden ließ. Immer wenn es geradezu spannend wurde, beendete sie den Unterricht mit den Worten: »Das kommt beim nächsten Mal dran.«
Nachdem ich die Symbolik der Tierkreiszeichen

sozusagen aus dem Effeff beherrschte – sie fragte mich wie in der Schule ab –, begann sie in den folgenden Stunden mit ihrem Vortrag über die Bedeutung der Aszendenten. Diesen möchte ich aus heutiger Sicht dem Leser besonders ans Herz legen, weil ihre Art der Darstellung, nämlich das »Denken in Bildern«, leicht in Erinnerung bleibt. Sie erklärte dazu:

»Im Laufe der letzten 50 Jahre wurde neues Gedankengut in die alte klassische Astrologie eingebracht, sodass sich die heutige Astrologie auch immer mehr auf empirisches Wissen (Erfahrungstatsachen) stützen kann. Dazu gehört z. B. eine stärkere Bewertung des Aszendenten.

Was ist der Aszendent?

Durch die Umdrehung der Erde um ihre eigene Achse steigt alle zwei Stunden ein neues Tierkreiszeichen am Firmament auf, das man den Aszendenten nennt (lat. *ascendere* = aufsteigen). Bei der Bestimmung des individuellen Aszendenten ist daher die Geburtszeit wichtig in Kombination mit dem Geburtsort und dem Geburtstag: Das Tierkreiszeichen, welches nun im Augenblick der Geburt am astrologischen Ostpunkt des Horoskops aufsteigt und somit den Aszendenten darstellt, ist der individuellste Punkt im Horoskop.

Was heißt das nun?

Die Erfahrung hat gelehrt, dass der Aszendent mit seinem dazugehörigen herrschenden Planeten im

Laufe des Lebens eines Menschen eine starke Rolle spielt. Dieser Planet als Symbol und Entsprechung (sei dies nun beispielsweise die Venus bei einem Waage-Aszendenten oder Saturn bei einem Steinbock-Aszendenten) wird auch Geburtsherrscher genannt. Mit ihm hat man sich sein Leben lang auseinander zu setzen, da er zu einem großen Teil das persönliche Ich (die Anlage) prägt, die körperliche Erscheinung (Gestik, Mimik und Körperbau, sogar die Kleidung) und das Verhalten zur Umwelt. Somit repräsentiert er auch das Bild der Persönlichkeit, das die anderen Menschen sehen und empfinden.
Das bedeutet aber nicht, dass der Aszendent nun in allen Fällen das Tierkreiszeichen der Geburt übertönt. Bei der Deutung des Horoskops müssen immer beide bewertet werden, abgewogen in Kombination mit allen anderen Planeten. Nur so kann man Unklarheiten vorbeugen, die in der Praxis immer wieder entstehen, wenn es um die Bedeutung des Aszendenten in Kombination mit dem Tierkreiszeichen der Geburt geht.
Die Kenntnis des Aszendenten kann eine große Hilfestellung für Eltern und Erzieher sein, wenn es um die eventuelle Berufswahl eines Kindes geht. Wenn ein Kind, selbst unschlüssig oder verunsichert, einer Berufsausbildung entgegensieht, können aufgrund der Anlagen des Aszendenten geeignete Vorschläge gemacht werden. Mancher Irrweg kann dadurch frühzeitig vermieden werden.

Nicht alle Menschen finden ihren Weg sehr früh allein, kommen sozusagen mit einem bestimmten ›Zieldenken‹ auf die Welt. Ich habe die Beobachtung gemacht, dass Menschen mit einem ausgeprägten, bereits in jungen Jahren vorhandenen Zieldenken oft in kleinen, begrenzten Verhältnissen aufwuchsen, was als belastend empfunden wurde. Dadurch konnte eine starke Triebfeder entstehen für persönlichen Erfolg, das Streben nach Reichtum oder für ein Wissen, das beides ermöglichte. Eine bekannte Persönlichkeit aus dem Wirtschaftssektor sagte mir einmal, die Triebfeder seines Erfolges sei der Satz gewesen: Nie wieder arm! Die ständige Erinnerung an seine ärmliche Kindheit habe ihn zu außergewöhnlichen Leistungen angespornt.«

Bei diesen ihren Worten erklang die Stimme meines Vaters aus der Vergangenheit in meinen Ohren: »Es geht dir einfach zu gut unter unserem Dach – deswegen hast du kein Ziel …«

»Nun gibt es genügend Fälle, in denen die Geburtszeit eines Menschen absolut nicht mehr nachvollziehbar ist. Ein erfahrener Astrologe kann jedoch mitunter aus der Erscheinung und der Art, wie sich ein Mensch gibt und darstellt, den Aszendenten erkennen.

Denken Sie sich dazu in bunten Bildern durch den gesamten Tierkreis, möglichst mit entsprechenden Situationen, die für den jeweiligen Aszendenten typisch sind. Bilder setzen sich im Gedächtnis fest.

Das geht in etwa so:
Beim Aszendenten Widder (Herrscher Mars) denken Sie an den Kämpfer. Die Begegnung mit ihm wird lebhaft und impulsiv. Die Signalfarbe rot ist angesagt. Sein Auftreten ist rauh, aber herzlich.
Beim Aszendenten Stier (Herrscher Venus) achten Sie auf die ausgeprägte Halspartie, den so genannten Stiernacken. Sein Leitsatz ›In der Ruhe liegt die Kraft‹ überträgt sich auch auf seine Bewegungen: Sie sind etwas träge. Auf Einladungen ist er meist in der Nähe des Buffets zu finden, wo er den Tafelfreuden huldigt. Damit füttert er seine Venus am Aszendenten, er lässt es sich nämlich gerne gut gehen.
Zwillinge am Aszendenten (Herrscher Merkur) verbreiten meistens Hektik. Für Gastgeber sind sie die dankbarsten Partygäste. Sie reden viel, oft mit mehreren Personen zur gleichen Zeit, und tragen zur Unterhaltung eines Festes reichlich bei. Ihre Körpersprache vermittelt Vielgeschäftigkeit.
Den Aszendenten Krebs (Herrscher Mond) werden Sie nur schwer erkennen können. Dieses Zeichen ist zu vielschichtig und komplex aufgrund der veränderlichen Gefühlswelt, die dem sich ständig ändernden Mond-Einfluss unterliegt. Allenfalls die so genannten Krebs-Falten zwischen Mund und Wangen lassen diesen Aszendenten vermuten. Mein Rat: Verwickeln Sie ihn in ein Gespräch. Wenn er sich mit einem Thema identifizieren kann,

haben Sie einen außergewöhnlich interessanten Gesprächspartner, da dann der Panzer dahinschmilzt, mit dem er sich umgibt. Krebse erkennen sich gegenseitig in einer Gemeinschaft von vielen Menschen. Das ist auf den Mond-Einfluss zurückzuführen, der einen Gleichklang in den Gefühlen herstellt.

Der Löwe am Aszendenten (Herrscher Sonne) ist die strahlendste Figur unter den Aszendenten. Wenn dieser einen Raum betritt – selbstbewusst, bisweilen etwas großspurig, mit einem Hauch von Luxus umgeben –, ist das Zimmer voll mit dem königlichen Zeichen. Stellen Sie sich gedanklich die Sonne als ›Zentralgestirn‹ vor, dann ist jede weitere Erklärung dazu überflüssig. Dieses Sonnenkind beherrscht die Szene allein durch die eigene Ausstrahlung.

Der Aszendent Jungfrau (Herrscher Merkur) tritt dagegen verhältnismäßig bescheiden auf. Bei einem persönlichen Gespräch ändert sich das allerdings schnell. Kritiklust wird spürbar und es kann passieren, dass man fortwährend korrigiert wird. Wenn das geschieht und wenn der Satz fällt: ›Mein Verstand sagt mir …‹, dann ist die Jungfrau nicht weit und alles kommt auf den Prüfstand. Übrigens trägt sie mit Vorliebe Kariertes.

Wenn die Waage am Aszendenten (Herrscher Venus) in Person erscheint, ist die Venus höchstpersönlich anwesend. Ob Mann oder Frau, beide strahlen Liebenswürdigkeit aus und einen natürlichen Charme, dem man sich kaum entziehen kann. Waage-Frauen tragen immer Schmuck. Die Lieblingskette wird bei einigen sogar nachts nicht abgelegt. Menschen mit diesem Aszendenten sehen immer gut aus, ganz egal, wie sie von der Natur ausgestattet wurden … Eine unsichtbare, Frieden stiftende Wirkung verbreitet sich im Raum bei ihrem Erscheinen.

Den Skorpion-Aszendenten (Herrscher Pluto) umgibt etwas Geheimnisvolles. Warum das so ist, bleibt auch sein Geheimnis. Hart gegen sich selbst, hat er übrigens von allen Aszendenten das stärkste Durchhaltevermögen und immense Willenskraft. Gerät man in seine Fänge, kann er sich festkrallen. Er ist es, der sich seine Opfer sucht, und wenn man dies merkt, ist es meistens schon zu spät. Achten Sie auf die Haare – fast alle haben einen rötlichen Schimmer. Es heißt ja auch: Alle rothaarigen Menschen verfügen über starke körperliche und seelische Macht. Wahrscheinlich ein Skorpion-Einfluss.

Der Steckbrief des Schütze-Aszendenten (Herrscher Jupiter) lautet: locker, optimistisch, großzügig im Denken und Handeln und ausgestattet mit ungewöhnlicher Offenheit und Freimut. Ach, wenn wir alle in Jupiters Nähe weilen dürften, hätten wir das Paradies auf Erden!

Den Steinbock-Aszendenten (Herrscher Saturn) brauche ich ja wohl nicht erwähnen, den ken-

nen Sie ja selbst am besten«, meinte Frau Riedel zögernd.
»Ich weiß, dass ich nichts weiß, sonst säße ich ja nicht hier«, entgegnete ich.
Frau Riedel lachte allwissend, dann fuhr sie fort: »Also, man kommt nicht umhin, an die seltene Hochgebirgsziege zu denken.«
Mir wurde etwas weinerlich zu Mute bei diesen Worten.
»Das Auftreten ist streng, kaum schmückendes Beiwerk in der Kleidung, alles spartanisch klassisch, dem unbestechlichen Blick entgeht nichts. So etwas wie Schicksal dringt in den Raum, wenn der Steinbock erscheint, und Saturn ist immer dabei … Aber …«, sie machte eine lange Pause, »da der Steinbock bei Ihnen ja erst im 27. Grad beginnt, zählt somit das folgende Zeichen dazu. Sie haben also noch den Wassermann (Herrscher Uranus) als zweiten Aszendenten und der gibt Ihnen die Spontaneität und die Abneigung gegen jegliche Art von Routine.«
Ich atmete auf.
»Unabhängigkeit bedeutet dem Wassermann mehr als materielle Sicherheit, und nicht zu vergessen ist sein Interesse für alles Unerforschte, für Kommendes. Also liegen Sie hier richtig auf diesem Gebiet und können wieder ein versöhnliches Gesicht aufsetzen.
Übrigens, merken Sie sich das, immer wenn ein

Aszendent in die letzten Grade (27–29 Grad) eines Tierkreiszeichens fällt, sollten Sie bei der Auslegung der Symbolik das nächstfolgende Zeichen als zweiten Aszendenten mitberücksichtigen. Das ist wichtig! In so einem Fall gilt die körperliche Struktur für den ersten Aszendenten. Der folgende miteinbezogene Aszendent steht für das Verhalten zur Umwelt und die geistigen Anlagen.
Jetzt kommen wir zum letzten Zeichen im Tierkreis, die Fische am Aszendenten (Herrscher Neptun). Dieses einfühlsame und anpassungsfähige Zeichen können Sie nur erahnen oder erfühlen, typische äußerliche Merkmale könnte ich Ihnen nicht nennen. Fische reagieren äußerst empfindsam, ihre Hilfsbereitschaft ist legendär. Es heißt auch, dass die Fische eine Mischung aus allen vorangegangenen Zeichen sind. Bei diesem Aszendenten liegt eine starke Kraft für übersinnliche Wahrnehmung vor.
Es ist die Kombination der Anlage mit der Möglichkeit zur persönlichen Verwirklichung plus der Deutung der einzelnen Planeten, also die Auslegung des Gesamtbildes, auf die es bei der Beratung der Menschen ankommt. Das ist es, was Sie im Laufe der Zeit anhand vieler Lebenszeichnungen lernen müssen. Wir werden dazu als Übung in den nächsten Wochen Horoskope von Leuten zeichnen, die Ihnen gut bekannt sind, zum Vergleich.«
So ging ich wöchentlich voller Ungeduld und Freude in ihren Einzelunterricht. Frau Riedel offenbarte

mir die ganze Palette ihres astrologischen Wissens wie die Aspekte (Winkelabstände) zwischen Planeten oder bestimmten Punkten im Horoskop. Sie erklärte mir auch den Deutungsbereich der Häuser (Kraftfelder), die das Individuelle eines Horoskops ausmachen: Die Planeten geraten je nach ihrer Position in den Einflussbereich eines Hauses bzw. Erlebnisbereiches. So wie es zwölf Sternzeichen gibt, gibt es auch zwölf Häuser, die – vereinfacht ausgedrückt – Dinge des täglichen Lebens symbolisieren. In Lehrbüchern der Astrologie kann man diese spezielle Deutungslehre recht gut nachlesen, sie wird meist ausführlich dargestellt.
Bereits nach vier Monaten Intensivunterricht entließ mich Frau Riedel im Sommer 1973 mit den Worten: »Jetzt können Sie selbstständig weitermachen, ohne meine Hilfe, und ihre eigenen Erfahrungen mit den Menschen und der Astrologie sammeln. Mein Rat für Sie ganz persönlich ist«, dabei stand sie vom Tisch auf, ordnete ihre Haare und rückte die aus dem Rock gerutschte Bluse zurecht, »verlassen Sie sich immer auf Ihren ersten Eindruck, den Sie von einem Menschen, einer Sache oder einer Situation gewinnen. Das mag vielleicht ungerecht erscheinen, aber dieses erste Gefühl wird Sie nie im Stich lassen. Manchmal kann es Jahre dauern, bis es sich letztendlich als richtig erweist. Sie haben diese Gabe nun mal mitbekommen, vom Schicksal. Fragen Sie mich jetzt aber nicht nach der

Konstellation dafür. Es ist so, wie es ist. Ich wünsche Ihnen viel Glück.«
Bei diesem Satz schob sie mich aus der Tür.
»Geschafft«, jubilierte ich, »jetzt nichts wie raus – zurück aufs Land!«
Die Sterne standen günstig für mich. Mit dem sicheren Gefühl, dass alles nun seine Ordnung hatte, kündigte ich endlich meine Wohnung in Schwabing. Nach vier Wochen hatte ich eine neue, passende Bleibe gefunden. Natürlich auf einem Bauernhof, direkt neben einem Pferdestall. Und wieder zwischen Gmund und Hausham, diesmal in Ostin. Noch heute übt dieser kurze Landstrich eine eigenartige Faszination auf mich aus, vielleicht auch deswegen, weil dort Leid und Glück immer so nahe beieinander lagen. Hier begann mein Leben mit der Astrologie – eine Aufgabe, die ich in den 28 Jahren bis heute noch keinen Tag bereut habe.

Die Praxis

Es sprach sich in Windeseile herum, was ich für eine Tätigkeit nach meiner Rückkehr ausübte. Der Satz »Aller Anfang ist schwer« bewahrheitete sich bei mir nicht. Es gab zu dieser Zeit nur wenige Astrologen in Deutschland und keine Computer-Horoskope. Die ganze Entwicklung dahin war erst im Kommen. Allerdings fand eine unvorstellbare Mund-zu-Mund-Propaganda statt, die sich nicht nur auf das Tegernseer Gebiet beschränkte, sondern bis über die deutsch-österreichische Grenze nach Kitzbühel und Salzburg ausbreitete. Ebenso ging sie quer durch Deutschland bis in den Norden. Und dies alles ohne mein Dazutun, es war einfach so. Es war mir beschieden.

Ganz am Anfang, so merkwürdig das heutzutage klingen mag, da sich das Wissen um diese Dinge durch entsprechende Literatur und Medien gewaltig erweitert hat, kamen Anrufe wie etwa: »Sie legen Karten, habe ich gehört, könnte ich bitte einen Termin haben?« Oder: »Können Sie mir sagen, wo sich mein Bruder augenblicklich befindet? Er hat sich schon seit vier Wochen nicht mehr bei mir gemeldet.« Auf Letzteres fiel mir nichts Besseres ein als die Antwort: »Vielleicht gehört Ihr Bruder ja zu den Männern, von denen es immer heißt, dass sie schnell mal Zigaretten holen gehen und dann nicht wieder kommen …«

Oft stellte auch jemand fest: »Sie sind ja fein raus, Sie können sich selbst aus den Sternen lesen!«

Von Anbeginn meiner Tätigkeit war mein wichtigstes Anliegen bezüglich der Aussagekraft astrologischer Gegebenheiten die Korrektur eines Satzes, der immer wieder von Astrologie-Süchtigen zitiert wurde. Der Satz lautete: »Das steht ja alles im Horoskop.« Beziehungsweise: »Na ja – Ihnen brauche ich das ja nicht zu erzählen, Sie kennen ja mein Horoskop.«

Meine für den Ratsuchenden oft unbefriedigende Antwort hatte meistens ein enttäuschtes Gesicht zur Folge.

»Dem ist nicht so. Es steht nicht alles im Horoskop. Gott sei Dank nicht. Das Leben ist viel zu bunt! Freilich, jeder Mensch, der anfängt, sich mit Astrologie zu beschäftigen, ist zunächst auch dieser Überzeugung, bis er eines Besseren belehrt wird. Das muss wohl so sein und gehört zum persönlichen Entwicklungsprozess. Tatsächlich findet sich im Nachhinein für jedes Ereignis auch immer ein passender Planet in den Gestirnstandtabellen, der dieses oder jenes verursacht haben könnte, und sei es nur eine schnell laufende Venus.«

Infolge meiner etwas einschränkenden Antworten tauchte zwangsläufig immer wieder die Frage auf, was denn dann eigentlich in einem Horoskop stehe. Ich versuchte meine Botschaft dahingehend zu formulieren, dass man ein Horoskop dazu benutzen könne, eine Lebenssituation besser zu verstehen, dass die Astrologie ein Hilfsmittel sei, um ein Leben aufgrund der individuell vorhandenen Möglichkeiten bewusster leben zu können.
Nach vorheriger Fertigstellung einer Lebenszeichnung konnte ich ja bereits erkennen, um welche Thematik es sich wahrscheinlich bei einer Person handeln würde, bevor diese erschien.
Mir ging dabei immer ein Zitat von Frau Riedel durch den Kopf, das ungefähr so lautete: Wer nicht fähig ist, beim Betrachten eines Geburtsbildes innerhalb von fünf Minuten die möglichen Schwerpunkte oder Ereignisebenen in der Lebensbestimmung zu erkennen, ist ungeeignet für die Arbeit mit der Astrologie.
Bei einigen Horoskopen musste ich allerdings erkennen, dass eine so kurze Betrachtung nicht möglich war. So lernte auch ich immer wieder hinzu. Ich erkannte, dass es tatsächlich Menschen gibt, deren Leben ohne nennenswerte Höhen und Tiefen verläuft, ohne massive Tücken des Schicksals, und deren Geburtsbilder dem entsprechen, sodass es mir schwer fiel, innerhalb weniger Minuten bestimmte Schwerpunkte herauszufinden.

Es dauerte eine ganze Weile, bis ich die Menschen, die zu mir kamen – sei dies nun mit einem speziellen Anliegen oder aus purer Neugierde –, zu dem Punkt geführt hatte, der entweder die Aussagekraft und die Möglichkeiten der Astrologie aufdeckte oder schonungslos ein »Nein« erforderte, wenn es um abenteuerliche Fragen und Vorstellungswelten ging, die in den Köpfen der Menschen herrschten.
Die Prognostik war von Anfang an mein Lieblingskind, bei ihr konnte ich meine Intuition zusätzlich miteinbringen. Außerdem nahm die Prognose für die Qualität der Zeit den breitesten Raum ein.
»Wie stehen meine Sterne für die kommende Zeit?«, war die häufigste Frage und sie ist es bis heute geblieben. »Schau doch mal in deine schlauen Bücher.«
Mit den schlauen Büchern waren die Ephemeriden gemeint, die den Planetenstand der Vergangenheit, Gegenwart und Zukunft beinhalten.
Um die Qualität der Zeit zu bestimmen, wird im Allgemeinen der tägliche Planetenstand in Bezug zu den Planeten des jeweiligen Horoskops gebracht. Es wird ersichtlich, ob die Planeten z. B. Spannungsaspekte erzeugen oder Harmonie, ob sie neue Impulse schaffen oder Anpassung verlangen. Mit einem Blick in die Ephemeriden lässt sich also die Zeitqualität errechnen, und daraus können Schlüsse gezogen werden. Bei ungünstiger Bestrahlung sollte man z. B. zurückhaltend agieren, Vor-

sicht walten lassen, keine Experimente eingehen, um eventuelle Misserfolge zu vermeiden. Bei günstiger Bestrahlung hingegen darf man etwas wagen. Unter einem guten Jupiter-Einfluss hat man z. B. persönlich eine kräftige und positive Ausstrahlung auf die Umwelt. Allein von daher kann es zu einem Erfolg bei wichtigen Verhandlungen oder Bewerbungen kommen. Ganz nach dem Motto: Man kam, sah und siegte ... Wie in dem folgenden Beispiel:

Die Inhaberin eines eleganten Modegeschäftes in Rottach-Egern kam mit der Frage zu mir, ob es wohl einen Sinn hätte, nach Mailand zu fliegen, um bei dem damaligen italienischen Modepreisträger vorzusprechen. Sie wollte seine neue Kollektion vertreten, obwohl sie zwei Jahre zuvor seine Kollektion annulliert hatte.

»Er wird mich rausschmeißen, und das mit Recht«, befürchtete sie, »jetzt, wo er in aller Munde ist.«

Ich motivierte sie trotzdem, den Versuch zu starten, weil ihre Sterne eine erfolgreiche Jupiter-Konstellation auswiesen. »Allerdings«, fügte ich hinzu, »sollte das bereits morgen um die Mittagsstunde sein und ich weiß nicht, ob Sie das zeitlich bewerkstelligen können.«

»Ich kann«, rief sie, »und sollte ich keinen Flug mehr bekommen, werde ich mich heute Nacht noch ins Auto setzen.«

Frau M. hatte dank ihres weitsichtigen Wassermann-Aszendenten sofort begriffen, um was es ging, nämlich die Gunst der Stunde nicht zu verschlafen oder zu vertrödeln, sondern zur richtigen Zeit am richtigen Platz zu sein. Denn auch in einer guten Zeitphase kommt das Glück nicht einfach so daher spaziert. Für sie hieß das, augenblicklich den notwendigen Einsatz zu bringen und dafür vielleicht sogar eine Unbequemlichkeit auf sich zu nehmen. Damit Jupiter nicht nur aus der Ferne winkte und dann vorüberzog, was bedeutet hätte: Gewogen und zu leicht befunden.

Frau M. kam von ihrer Reise mit den Worten zurück: »Mein Gott, ich bin empfangen worden wie die Königin von Saba. Das hätte ich nicht für möglich gehalten, jetzt, wo sich alles um ihn reißt!«

Es gibt auch Rat suchende Personen, die letztendlich gar nicht darauf aus sind, wirklich einen Rat zu erhalten, weil sie kompromisslos an einer Vorstellung festhalten. So wie im folgenden Beispiel:

Eine gute Bekannte wollte ihr Haus zur damaligen Zeit verkaufen, für das sie jährlich hohe Hypothekenzinsen zahlen musste. Die Qualität der Zeit – sowohl in ihrem persönlichen Horoskop wie auch die Situation auf dem Immobilienmarkt – war zu dem Zeitpunkt außerordentlich günstig. So war ich überzeugt, dass dies schnellstens gelingen würde.

Tatsächlich meldeten sich auch auf eine entsprechende Annonce mehrere ernsthafte Kaufinteressenten. Vom Verkaufspreis des Hauses hatte sie jedoch eine derart überzogene Vorstellung, dass alle Interessenten nach und nach absprangen. Entweder war sie hinsichtlich des Preises nicht verhandlungsbereit oder nicht im Stande, die finanzielle Entwicklung bei Nichtverkauf einzuschätzen. Ich versuchte, ihr das klar zu machen. Um ihr eine verheerende Wirkung ihres uneinsichtigen Verhaltens zu zeigen, rechnete ich ihr eine Konstellation für zwei Jahre später aus, die finanzielle Schwierigkeiten auswies und verdeutlichte, dass sie möglicherweise zwangsverkaufen musste. Sie war jedoch auf ihre eigene Vorstellung fixiert, eine typische Verhaltensweise ihres Skorpion-Aszendenten.

Schließlich sagte ich noch: »Dein Speicher im Haus quillt über mit alten Sachen, dein Kleiderschrank ebenfalls. Du häufst an, was das Zeug hält, kannst nicht loslassen. Mit dem Stachel des Skorpions stichst du dich schließlich selbst.«

Selten wurde ich so deutlich wie in diesem Fall. Aber auch das nutzte nichts. So musste sie mit ansehen, wie ihr Haus bereits nach eineinhalb Jahren zwangsversteigert wurde, weil sich zu dem Zeitpunkt überhaupt kein Interessent mehr einfand – nicht einmal für eine Besichtigung – und die Banken den Geldhahn zudrehten.

Ich versuchte immer, meine Beratungen dahingehend zu halten, dass auf keinen Fall eine direkte Beeinflussung der Klienten stattfand, dass also der Weg für die Selbstentscheidung frei blieb. Das war oft schwer, besonders wenn ich ahnte, dass eine Sache möglicherweise negativ ausgehen könnte wie in dem Fall der Zwangsversteigerung. Soweit es mir möglich war, machte ich mir bei einer Prognose zum obersten Gebot, keine negativen Engramme bei der Rat suchenden Person zu erzeugen.

Manchmal kam mir das Schicksal auch in der Weise entgegen, dass sich Dinge von selbst erledigten, wie das folgende Beispiel zeigt:

Einer sehr erfolgreichen Unternehmerin aus Rottach (Sternzeichen Zwillinge mit Löwe-Aszendent, eine ideale Kombination übrigens für Geschäftssinn, Einsatz und Fleiß) wurde ein Landhaus zu einem äußerst günstigen Preis angeboten. Sie fragte diesbezüglich nach ihrer Konstellation. Ich fand eine diffuse Neptun-Bestrahlung (Täuschung, Betrug) heraus und sagte: »Irgend etwas gefällt mir da nicht. Ich habe das Gefühl, dass es verdeckte Mängel gibt, die erst später ans Tageslicht kommen werden. Vielleicht ist ja der Schwamm irgendwo in den Wänden. Neptun bedeutet ja auch Wasser oder Feuchtigkeit. Finden Sie das zuerst heraus.«

Einige Tage später wollte die Unternehmerin mit einem Architekten eine Hausbesichtigung machen. Diese konnte jedoch nicht stattfinden, weil sich der Besitzer des Hauses mit der unglaublichen Begründung weigerte, der Preis des Hauses sei so günstig, dass es unbesehen verkauft werden könnte, allein schon wegen des Grundstückswertes. So hatte sich Neptun als unsichtbare Täuschung offenbart – und ich war aus der Verantwortung.

Tod im Horoskop?

Obwohl im Laufe der 70er Jahre ein Großteil der Menschen langsam begann, sich mit Astrologie und anderen Phänomenen auseinander zu setzen, und der Aszendent nicht mehr ständig mit einem Assistenten verwechselt wurde, erhielt ich immer wieder Anrufe von Menschen, die entweder meinten: »Aber ich will nicht wissen, wann ich sterbe.« oder den ausdrücklichen Wunsch äußerten: »Sollte ein Todeszeitpunkt ersichtlich sein, würde ich diesen gerne erfahren, damit ich mich einrichten kann bezüglich der zu erwartenden Rente.« Oder aber Angehörige eines plötzlich Verstorbenen fragen mich vorwurfsvoll, wieso denn der Tod von Onkel Hugo oder Tante Frieda nicht in deren Horoskop gestanden und ich stattdessen gute Sterne prophezeit hätte.
Auf solche Fragen antwortete ich dann meist: »Das Horoskop ist zur Bewältigung des Lebens vorgesehen und nicht zur Voraussage des Todes. Wenn wir den Augenblick des Todes berechnen könnten, würde das gesamte Weltbild aus den Fugen geraten. Der Tod ist doch der einzige Faktor, der die

Menschheit gewissermaßen in Schach hält, in Krisensituationen zur Demut zwingt, weil wir uns ausnahmslos alle vor ihm zu beugen haben.«
Dies war eine Aussage, mit der ich nicht falsch liegen konnte und die auch von den meisten so angenommen wurde. Es war mir immer ein besonderes Anliegen, die Astrologie gerade bei dem Thema Tod zu entmystifizieren. Ich wusste zwar, dass in der astrologischen Deutungslehre Hinweise für bestimmte Todesarten existieren, wie z. B. der Sekundentod durch Unfall in jungen Jahren, was sich z. B. 1978 bei meinem Nachbarn Schorsch leider realisierte. Aber ich kannte auch eine Reihe von Fällen, die mit dieser Konstellation ein gesegnetes Alter erreichten.
Mit Schorsch passierte Folgendes: Eines Nachmittags klopfte er an mein Fenster und fragte, ob er seine restaurierten Stühle vorübergehend in meinem Flur abstellen dürfte. Als ich ihn so vor meinem Fenster sah, überkam mich ein panikartiges Gefühl, das ich nicht einordnen konnte. Ich rief zurück, dass das jetzt nicht ginge und er die Stühle im Garten abstellen solle. Dann beobachtete ich hinter der Gardine, wie er die Stühle aus seinem Auto trug und abstellte. Ca. 30 Minuten später war Schorsch tödlich verunglückt, schuldlos, 28 Jahre jung, mit dem Auto auf der Straße von Ostin nach Hausham.
Solche Begebenheiten werfen zwangsläufig immer wieder die Frage nach dem Todeszeitpunkt auf. Was

wäre gewesen, wenn wir eine Weile geschwatzt hätten? Wäre das dann auch passiert? Hatte ich meinerseits so abweisend reagiert, weil ich etwas Unheilvolles spürte? Ich weiß, der Tod braucht auch Erfüllungsgehilfen, wie viele andere schicksalhafte Ereignisse. War ich vielleicht als Glied in einer Kette von Reaktionen vorgesehen gewesen, damit sich der Todeszeitpunkt erfüllen konnte?

Ich war tief getroffen von dieser Situation, in die ich mich gewissermaßen involviert fühlte, und die Fragen der Nachbarn, ob ich dies denn nicht in seinem Horoskop gesehen hätte, machten mich noch trauriger. Immer wieder musste ich erklären, dass im eigenen Horoskop der Tod nicht sichtbar ist, dass jedes Jahr bei jedem von uns Planeten in bestimmten schwierigen Monats-, Tages- oder Stundenaspekten stehen, die unter Umständen einen Tod herbeiführen können, wenn die Lebensuhr als beendet gilt. Würde man den Tod astrologisch miteinbeziehen wollen, wäre das nur über die jeweiligen Konstellationen der Menschen möglich, die einem möglichen Todeskandidaten am nächsten stehen.

Hierzu ein Beispiel: In einer Familie (Eltern und ein Kind) wird eine dieser drei Personen unheilbar krank. Die anderen zwei Familienmitglieder leiden unter diesem Zustand seelisch mit dem Kranken und haben in etwas späterer Zeitphase das Symbol von Trauer und Verlust in ihren Konstellationen. In einem solchen Fall könnte man unter Vorbehalt

annehmen, dass sie um den Verlust der schwer kranken Person trauern.
Die Beobachtung des Todes-Phänomens ließ bei mir schon damals die Gewissheit aufkommen, dass der Augenblick des Todes vom Schicksal vorherbestimmt sein muss, weil anders bestimmte Gegebenheiten gar nicht erklärbar sind. Nur liegt der Zeitpunkt außerhalb unserer Kompetenz der Berechnung und Beurteilung.
Der Kosmos hat dies weise eingerichtet. Wie wäre die eindrucksvolle Beschreibung des Dramatikers Carl Zuckmayer (1896–1977) sonst zu deuten, der in seinem Roman »Als wär's ein Stück von mir« den Tod seines Dichterfreundes Ödön von Horváth beschreibt, der mit 37 Jahren durch eine Kettenreaktion von Ereignissen innerhalb 24 Stunden buchstäblich in den Tod lief?
Zuckmayer erzählt, dass Horváth eine Reise von Amsterdam in die Schweiz geplant hatte. Am Tag vor seiner geplanten Reise hörte er, dass ein bekannter Hellseher in Amsterdam gastierte. Zusammen mit einem Freund suchte er noch am gleichen Tag diesen Hellseher auf, der beim Erscheinen Horváths in eine starke Erregung und eine Art Trance verfiel – so der Augenzeuge – und dabei mehrmals wiederholte: »Sie müssen sofort nach Paris – dort erwartet Sie etwas. Das entscheidende Ereignis Ihres Lebens.« Aber was dies war, das konnte der Hellseher nicht sehen. Horváth nahm an, dass mit

dem »entscheidenden Ereignis« möglicherweise die Verfilmung eines von ihm geschriebenen Romans gemeint sein könnte, und fuhr daraufhin am nächsten Tag nach Paris anstatt in die Schweiz. Dort angekommen, besuchte er während des Vormittags eine Reihe von Freunden, blieb jedoch – von innerer Unruhe getrieben – nirgends länger. Am frühen Nachmittag war er mit dem Regisseur Siodmak zu einem Kinobesuch auf den Champs Elysées verabredet. Draußen hatte inzwischen starker Sturm und Regen eingesetzt. Horváth kam völlig durchnässt bei dem Kino an und gab seine Karte zurück mit der Begründung, etwas Dringendes vorzuhaben. Danach lief er in Richtung Rond Point, wo schließlich der schwere Ast einer durch den Sturm geborstenen Ulme auf ihn niederkrachte. Horváth wurde am Kopf getroffen und war sofort tot.

Es gibt eine Reihe von Beispielen, sowohl in der Literatur als auch in unserem täglichen Leben, welche die kurze Zeitspanne zwischen Leben und Tod dokumentieren und die uns immer wieder erneut zum Nachdenken zwingen. Vergessen wir dabei nicht die glücklichen Zufälle, die keine Zufälle sind. Denn wenn die Uhr des Lebens noch nicht abgelaufen ist, geschehen die berühmten Wunder. Dann heißt es: Wenn damals der Verkehrsstau nicht gewesen wäre, durch den ich mein Flugzeug verpasst habe, wäre ich heute schon tot …

Der Schrei nach dem Glück

Wie ist es möglich, wurde ich oft gefragt, dass manche Menschen einfach immer Glück haben und andere vom Pech verfolgt werden?
Die Frage nach dem Glück, welche die Menschheit immer wieder beschäftigt, tritt nirgendwo häufiger auf als in einer astrologischen Praxis.
Natürlich gibt es kein Geheimrezept dafür, das sich mit wenigen Sätzen aufschlüsseln lässt. Jeder hat eine andere Vorstellung vom Glück, aber jede läuft letztendlich darauf hinaus, dass es einem gut gehen soll. Für den einen ist dies ein Gewinn im Lotto, für den anderen Gesundheit (weil er vielleicht an einer schweren Krankheit leidet), für den dritten die Erfüllung und Erfolg im Beruf oder ein harmonisches Familienleben, welches aufgrund der Lebensumstände nicht möglich ist. Einige Menschen sind so naiv, alles zusammen haben zu wollen, möglichst ohne selbst großen Einsatz dafür erbringen zu müssen. Sie sehen immer nur das, was sie gerade nicht haben können.
Das Schreien nach dem Glück kann dramatische

Formen annehmen. Hadern mit dem Schicksal beispielsweise ist ein Zustand, der nur noch mehr Unglück anzieht. Ebenso Bösartigkeit und Missgunst auf diejenigen, denen es vermeintlich besser geht. Ein Teufelskreis setzt sich dann in Bewegung und wenn es gar nicht mehr weitergeht, wird schließlich ein Astrologe aufgesucht und die simple Frage gestellt: »Wie stehen meine Sterne?«

Gibt es sie denn überhaupt, die absolute Glückskonstellation? Ist sie im Horoskop ersichtlich?

Wenn man einmal davon absieht, dass Glück ein Zustand ist, ein Gefühl, zu dem auch Zuversicht und Optimismus gehören und die Möglichkeit, gemäß seiner persönlichen Anlagen leben und arbeiten zu können, so vermittelt das Horoskop zum Thema Glück zwar eine begrenzte, aber dennoch wichtige Konstellation:

Wie ich bereits erklärte, zeigt ein Lebenshoroskop die Qualität der einzelnen Planeten zueinander an und weist dadurch entweder auf Schwierigkeitsgrade in bestimmten Lebensbereichen hin (dann steht ein Planet ungeeignet oder ungünstig) oder aber auf ausgleichende Umstände bzw. auf Erleichterung im Lebensablauf (in diesem Fall spricht man von einer guten Planetenqualität oder auch von günstiger Bestrahlung).

So ist ein intakter Jupiter (das Glücksgestirn), der zur Zeit der Geburt keine wesentlichen »Angriffe« von Seiten anderer Planeten erhält, immer als lebenserleichternd zu bewerten, und man darf davon ausgehen, dass ein Mensch mit dieser positiven Planetenstellung aus seiner Veranlagung heraus den Anforderungen des Lebens von vornherein positiv begegnet. Jupiter, der das Prinzip der Ausdehnung für inneren wie äußeren Reichtum verkörpert, erspart dem Menschen bei günstiger Bestrahlung manche Lernprozesse und Rückschläge, sodass bereits in jungen Jahren ein Lebensprogramm glücklich gestaltet werden kann, da diesem Menschen der Blick für das Wesentliche und die Fähigkeit zur Erhaltung von Glück sozusagen in die Wiege gelegt wurden.

Diese Fähigkeit, mit dem Glück auch richtig umgehen zu können, ist wohl die wichtigste Aussage. Sie ist ein Geschenk des Himmels.

Menschen mit einer schwierigen Jupiter-Stellung sollten beizeiten lernen, dass ihnen die Steine nicht problemlos aus dem Weg geräumt werden. Gerade bei diesen Menschen fällt oft der Satz, dass sie sich alles im Leben erkämpfen müssen. Was aber nicht bedeutet, dass sie kein Glück haben! Nur: Oftmals wollen oder können sie das Glück nicht sofort erkennen. Es fliegt ihnen nicht offenkundig zu, sondern an ihnen vorbei. Und dann fällt es ihnen schwer, das verpasste Glück wieder einzufangen.

Die Schicksalsfrage

Ende 1979 kündigte Professor B. aus Würzburg seinen Besuch bei mir an, er sei auf der Durchreise nach Wien zu einem Vortrag über Nietzsche. Mein Professor, wie ich ihn nannte, ließ sich bereits seit mehreren Jahren seine Sterne von mir deuten. Ich verehrte ihn sehr und empfand es als eine Auszeichnung, sein Vertrauen genießen zu dürfen.

Der Professor – inzwischen 80 Jahre alt, Nietzsche-Experte und immer noch zeitweilig als Professor für Philosophie an der Universität tätig oder aufgrund von Vorträgen unterwegs – war trotz seines Alters so jung geblieben, dass ich mich bisweilen steinalt neben ihm fühlte. Als doppelter Skorpion (mit dem Tierkreiszeichen und dem Aszendenten Skorpion, was ihm etwas Geheimnisvolles verlieh) verfügte er über die seltene Gabe des Redens, Zuhörens und Schweigens im richtigen Moment. Er war ein weltoffener, jung gebliebener, weiser, alter Skorpion.

Trotz der massiven Skorpion-Besetzung krallte er sich keineswegs an fixen Ideen fest. Dazu war er zu klug.

Einmal sagte er zu mir: »Ich bin jederzeit bereit, meine Meinung zu ändern, wenn mich jemand überzeugt. Schon im Buch des Jesaja steht: Wehe denen, die weise sind in ihren eigenen Augen und sich selbst für klug halten.«

Uns zwei verband eigentlich der unerschütterliche Glaube an die Macht der geistigen Welt.

Als er an diesem Nachmittag ankam – ich stand schon eine Weile am Fenster und wartete auf ihn –, war es wie immer: Er nahte im leichtfüßigen Laufschritt über den langen Wiesenweg zum Haus, die Tageszeitung unter den Arm geklemmt und die obligatorische Aktenmappe in der Hand. Als er mich beim Näherkommen erblickte, rief er: »Heute wird es ernst, mein Kind!«

Nanu, was ist denn in ihn gefahren, dachte ich.

Wir nahmen an dem langen Esstisch Platz, da er sich stets einige Notizen während des Gesprächs machte.

»Ich bin jetzt achtzig Jahre alt«, begann er, »und wer weiß, wie lange ich noch hier auf der Erde wandle. Ich habe heute eine ganz konkrete Frage, die mich seit kurzem mehr und mehr beschäftigt. Die Frage lautet: Steht das Schicksal nun in den Sternen oder nicht?«

Ich holte tief Luft und stellte nach einer kleinen Pause fest: »Sie wollen also heute eine schwierige Frage beantwortet haben, eine Frage, die schon seit ewigen Zeiten die Menschheit beschäftigt.«

»Genau – nicht wie bei Ortega y Gassets ›Gespräche beim Golf über das Dharma‹, sondern eher wie in ›Gespräche beim Tee über das Schicksal‹«, konterte er. So war er, er hatte immer einen passenden Spruch parat. »Aber das bleibt sich ja gleich.«

»Nicht ganz«, antwortete ich. Der Professor horchte auf.

»Dharma ist doch die Gesetzmäßigkeit, so viel ich weiß. Sie hat etwas mit dem Kausalitätsgesetz von Ursache und Wirkung zu tun und ist dem Planeten Saturn zugeordnet. Saturn ist zwar auch der Schicksalsplanet, aber er ist nicht ausschließlich für das Schicksal verantwortlich. Das heißt: Durch die Qualität des Saturn bzw. aufgrund seiner Stellung zu anderen Planeten im jeweiligen Horoskop lässt sich erkennen, wie der Mensch mit der Gesetzmäßigkeit umgeht. Was man sät, das wird man ernten, heißt es ja. Saturn repräsentiert also die Folgewirkung unserer Taten. Er offenbart, ob man eine falsche Saat setzt mit der persönlichen Handlungsweise (dann wird die spätere Ernte möglicherweise nicht gut sein) oder ob man eine richtige Saat setzt und es eine gute Ernte wird.

Die Stellung des Saturn zeigt also, ob man diese Gesetzmäßigkeit von sich aus positiv und produktiv handhabt oder ob man dieses Gesetz erst in mühevollen Lernprozessen erfahren muss. Im letzteren Fall zeigt der Saturn dann ein Fehlverhalten an, welches oft zu schmerzhaften Korrekturen des Lebensweges führt wie Abbrüche beruflicher Tätigkeiten, finanzielles Chaos oder Ehescheidungen.

Wenn eine Frau beispielsweise eine Verbindung zu einem Partner eingeht, von dem sie weiß, dass er ein ›notorischer Fremdgänger‹ ist, darf sie sich später nicht wundern, wenn sich daran nichts ändert. Sie hat sich diese Situation selbst ausgesucht und für sich selbst eine falsche Saat gesetzt. In so einem Fall zeigt Saturn dieses Fehlverhalten als Belastungsaspekt entweder zur Venus oder zu Neptun, welcher die Enttäuschungsbereitschaft symbolisiert.

Der von vielen Menschen so gefürchtete Saturn korrigiert also, lässt die Bäume nicht in den Himmel wachsen bzw. tritt als ›Hüter der Schwelle‹ auf. Viel Unangenehmes und auch so mancher Rückschlag könnten vermieden werden, wenn man das Kausalitätsgesetz kennen oder erlernen würde. Und dennoch bliebe immer noch genug an Traglast übrig für das so genannte ›Unvermeidbare‹, für das, was Sie vielleicht mit Schicksal meinen.«

Ich hielt inne. Das Gesicht des Professors war angespannt. Er schien etwas unzufrieden zu sein.

»Ich glaube nicht, dass Sie auf Ihre Kardinalfrage, ob das Schicksal nun in den Sternen steht oder nicht, diese Antwort von mir hören wollten«, bemerkte ich einlenkend. »Dafür kenne ich Sie zu gut, lieber Freund.«

Der Professor antwortete: »Liebe Frau Kasten, Sie begleiten Menschen aller Schattierungen und Altersgruppen, haben Einblick in deren Lebensläufe. Sie können sich nach so langer Zeit noch ein anderes Bild über die Schicksalsfrage erlauben und ich möchte jetzt das andere Bild von Ihnen hören!«
Ich fühlte mich wie in einer Prüfung.
»Gut, ich will es versuchen. Gehen wir mal davon aus, dass kein Mensch seiner Bestimmung entfliehen kann, wie auch schon Goethe sagte.«
Der Professor nickte.
»Wenn wir nun für das Wort ›Bestimmung‹ das Wort ›Schicksal‹ anwenden und dieses mit dem Planeten Saturn auch nur annähernd identifizieren, könnte man annehmen, dass das Schicksal in den Sternen steht und somit errechenbar ist. Das trifft aber nicht den Kern der Sache.«
»Was trifft denn den Kern?«, bohrte er weiter.
Ich hatte das Gefühl, dass er mir auf den Zahn fühlen musste, komme was wolle, und antwortete amüsiert, aber auch etwas gequält, im Gedanken an Saturn als Diktator meines eigenen Lebens:
»Meine Erfahrung ist, dass wir von folgender Tatsache ausgehen müssen: Der Mensch wird nicht nur durch seine kosmische Anlage, also durch den Planetenstand bei der Geburt, geprägt. Es gibt noch zwei weitere Faktoren, die eine Rolle spielen. Zum einen die genetische Anlage, die dem Prinzip der Vererbung folgt (z. B. der Vererbung bestimmter

Krankheitsbilder, einer künstlerischen Begabung oder des äußeren Erscheinungsbildes), und zum anderen der soziale Faktor, der das Milieu, das Elternhaus oder die Umwelteinflüsse berücksichtigt, in die ein Mensch geboren wird. Da die genetische und die soziale Anlage im Horoskop nicht erkennbar ist, kommt der kosmischen Anlage nur diejenige Bedeutung zu, die sie unter stiller Berücksichtigung der beiden anderen Faktoren einnehmen kann. Die kosmische Anlage ist aber immer noch stark genug, um damit Glück oder Unglück zu kreieren.«

»Das würde also bedeuten, dass jeder seines Glückes Schmied ist, wenn Sie jetzt von kreieren oder verursachen sprechen«, stellte der Professor nüchtern fest.

»Wir kommen diesem Spruch zwar näher, aber wir erreichen ihn trotzdem nicht«, antwortete ich. »Lassen Sie mich zuerst – soweit dies möglich ist – die Frage nach dem Schicksal beantworten. Vielleicht wird diejenige des Glücks dann hinfällig.

Das, was Sie mit Schicksal meinen, ist noch etwas anderes, das unterliegt einer anderen Macht. Ich werde diese Macht als Faktor X bezeichnen, als die große Unbekannte, wenn Sie einverstanden sind.«

»Ich bin einverstanden«, erwiderte er lächelnd und sichtlich beruhigt, wie mir schien. »Und wie errechnet er sich, dieser Faktor X?«

»Wenn man in Prozenten ausrechnen möchte,

wodurch ein persönlicher Lebensbewältigungsprozess gesteuert wird, kommt man auf die bereits erwähnten drei Faktoren genetisch, sozial und kosmisch. Und wenn man jedem von diesen drei Faktoren gerechterweise dreißig Prozent zuschreibt, bleiben restliche zehn Prozent übrig, die ich dem Faktor X zuordnen würde als ›nicht einkalkulierbar, nicht berechenbar, nicht sichtbar‹. Weder in Genen, Horoskopen noch Statistiken. Ich würde sagen: Ein Mysterium umgibt den Faktor X.
Wie vom Himmel geschickt, kann er in wichtiger Schicksalsstunde ein Blatt in letzter Minute wenden, zum Guten oder auch zum Schlechten. Wobei gesagt werden muss, dass das, was wir Menschen als ›schlechten Ausgang einer Sache‹ bezeichnen, sich im Nachhinein oftmals als Glück erweist.«
»Wir haben also selbst keinen Einfluss auf den Faktor X?«, sinnierte der Professor fragend.
»Aber das wissen Sie doch selbst«, rief ich. »Sie wollen es nur noch einmal von mir hören. Erklärungen, die in den Köpfen der Menschen herumgeistern wie ›laut Statistik ist es so und so‹ oder ›nach astrologischem Ermessen müsste es so und nicht anders ablaufen‹ oder ›Untersuchungen dahingehend haben ergeben, dass …‹, sind vor dem Faktor X bedeutungslos. Wenn Sie also den Faktor X als Schicksal bezeichnen wollen – das Wort ›Fügung‹ ist vielleicht passender –, dann können Sie sich die Antwort auf Ihre Ausgangsfrage, ob

das Schicksal in den Sternen steht oder nicht, selbst geben.«
Da lachte er herzhaft und resümierte schließlich: »Dann hat also Schicksal nichts mit dem jeweiligen Sternzeichen zu tun, sondern letztlich mit der großen Unbekannten, wie man es mathematisch ausdrückt.«
»Auf diese Art kann man erklären, dass Sternzeichen nichts mit Schicksal zu tun haben. Das sagte meine Mutter übrigens schon, als ich zehn Jahre alt war.
Aber was soll das überhaupt, es ist ja richtig anstrengend heute mit Ihnen«, entfuhr es mir.
»Na ja. Es ist so«, meinte er etwas bedrückt, »dass ich so gerne eine bestimmte schwierige Sache noch zu Lebzeiten ins Reine bringen möchte. Dazu habe ich alles getan, was menschenmöglich ist. Ich habe einen guten Boden gefunden für die sensible Saat. Die Sterne stehen auch günstig für mich und ich habe das Ende bedacht. Das bedeutet, dass sich praktisch alle berechenbaren Faktoren auf meiner Seite befinden. Aber ich weiß natürlich nicht, ob mir das Resultat meiner Vorstellung beschieden ist, vom Schicksal her.«
Mir fiel darauf nichts Besseres ein als der profane Satz: »Und wenn nicht, lieber Professor, dann hilft auch kein Lamentieren. Manchmal entscheidet der liebe Gott eben kurzfristig anders.«
Der Professor blieb stumm. Er überlegte einen

Moment, dann hatte er sich gefangen und sagte humorvoll: »Nein, nicht lamentieren. Dann hilft nur akzeptieren. Aber das ist verdammt schwer.« Ich tröstete ihn mit den Worten: »Es bleibt uns auch nichts anderes übrig, als diesen Punkt als Imponderabilie (Unabwägbarkeit) zu akzeptieren, ist er doch genau das, was uns Menschen nicht allwissend macht.«

Begegnungen mit der Aura

Durch das intensive Eindringen in die Welt der Astrologie sensibilisierten sich meine Sinne, was mich immer empfänglicher für das Erfühlen der Aura, der Ausstrahlung eines anderen Menschen, machte, mit dem ich in Kontakt kam.
Das entwickelte sich so weit, dass ich manchmal nach einer Beratung die Fenster aufriss, damit eine negative Ausstrahlung oder »Schwingung« nach draußen entweichen konnte und nicht in meinen Wänden hängen blieb. Andererseits spürte ich bei einigen Menschen ein so sauberes und positives Energiefeld, dass sich ein Gespräch länger hinzog als eigentlich vorgesehen.
Die Aura lässt keinen Betrug zu. Man kann sich seine persönliche Ausstrahlung nicht auswählen, man kann sie nicht erlernen und auch nicht mit einer aufgestylten, grotesken Verkleidung aufpolieren.
Ich hatte bis zu diesem Zeitpunkt die Aura nie »gesehen«, sondern sie lediglich als Schwingung empfunden. Es sollte aber nicht lange dauern, bis ich sie erstmals sehend wahrnahm.

Mein erstes bildhaftes Erlebnis mit der sichtbaren Aura spielte sich 1979 ab. Es war an einem jener heißen, typischen Sommerabende Ende August, an denen alles stillsteht, die Ernte eingefahren ist, die Hitze auf abgemähten Feldern brütet und die Grillen lauter zirpen als in den Wochen zuvor. Der Sommer lag in den letzten Zügen, doch vom Herbst war noch keine Spur zu sehen. Meine Freundin Hertha erschien und meinte, wir könnten doch über die Eck nach Miesbach zu dem Hellseher fahren. Mit dem Hellseher meinte sie Herrn Meyer. Dieser lebte am Rande der Stadt auf einem romantischen Fleckchen Erde, das nur über einen holprigen, verschlungenen, steil abfallenden Weg erreichbar war. Dort, inmitten uralter Bäume und Sträucher, stand seine Hütte, eine Art Austragshäusl, mit einer wackeligen Bank davor. Ein Teich mit Seerosen und Schlingpflanzen rundete das Bild ab.
Der Gedanke an ein Märchen hätte sich einem jedes Mal beim Anblick dieser Idylle aufdrängen können, wenn nicht ständig Autos aus aller Welt die wild wachsende Wiese vor seiner Hütte belagert hätten. Oft hatte man das Gefühl, an einen Wallfahrtsort zu kommen. Menschen standen dann in Grüppchen zusammen oder saßen in langer Reihe auf der wackeligen Bank und warteten auf Herrn Meyer, um sich von ihm die Zukunft voraussagen zu lassen.
Er war ein skurriler Mensch, dieser Herr Meyer. Seine Augen lachten verschmitzt hinter dicken Bril-

lengläsern und ich hatte oft das Gefühl, dass er in Wirklichkeit viel mehr wusste, als er sagte. Eigentlich praktizierte er so eine Kombination aus allem, er beherrschte eine ganze Palette von Phänomenen. Wenn jemand Magenschmerzen hatte, holte er seine selbst angefertigte Wünschelrute aus dem Schrank und führte diese am ganzen Körper der kranken Person entlang, um zu testen, ob vielleicht noch eine andere Stelle, ein anderes Organ von Nöten war. Oder er pendelte Fotos aus. Dann sagte er beispielsweise schmunzelnd, wenn das Pendel links herum ausschlug: »Dieser Mann taugt nicht viel. Er ist nicht der Richtige für Sie.«

Es war einfach zu schön, wenn er in seinem Element war. Die Hellseherei hielt sich insofern in Grenzen, weil er niemals Katastrophen verkündete. »In den nächsten Tagen kommt ein blonder Mann mittleren Alters im Trachtenanzug auf Sie zu.« Oder: »Passen Sie auf Ihre schwarze Geldbörse auf, sie könnte abhanden kommen.« An diese Prophezeiungen erinnere ich mich heute noch.

Herr Meyer war intelligent und sehr belesen. Er machte sich absichtlich kleiner, als er in Wirklichkeit war. Obwohl in seiner Hütte das totale Chaos herrschte, hatte er doch alles im Griff und es gab immer Kuchen und Kaffee für die Kundschaft.

An jenem Abend im August waren Hertha und ich allein im Garten. Kein Auto weit und breit – die Hitze hatte alle vertrieben, so schien es. Wir saßen

in der Abendsonne vor seiner Hütte und Hertha sagte: »Hoffentlich kommt er bald.« Dann kramte sie in ihrem Korb und zog das schon obligatorische Strickzeug hervor.
Hertha trug an diesem Abend ein grünblau-kariertes Dirndl mit tiefem Dekolleté. Ihre hellblonden Haare hoben sich effektvoll davon ab und glänzten in der Abendsonne. Ich fühlte mich wohl in ihrer Nähe und beobachtete ihre flinken Finger, wie sie Stricknadeln und Wolle betätigten.
»Ich muss heute Abend noch vorgehen«, sagte sie fast entschuldigend mit dem Blick auf die vielen Bandringe an ihren Fingern. »Vorgehen« hieß bei ihr immer, die Gäste in ihrem Hotel begrüßen bzw. mit ihnen das Abendessen einnehmen.
Wir hörten Schritte den Weg hinunterkommen. Herr Meyer nahte im Laufschritt, er hatte uns wohl vom Fenster seiner Werkstatt aus gesehen.
»Welch Glanz vor meiner Hütte«, rief er und begrüßte Hertha mit einer tiefen Verbeugung.
Als wir in seiner guten Stube Platz genommen hatten und Hertha allerlei Fragen an ihn gestellt hatte, sagte Herr Meyer unvermittelt: »Warum fragen Sie das nicht Ihre Freundin, die ist doch Astrologin?«
Ich antwortete: »Das ist doch etwas ganz anderes. Astrologie hat doch nichts mit Hellsehen zu tun!«
»Wenn Sie es lange genug gemacht haben, werden Sie merken, dass es schließlich gleich ist. Es kommt auf das Gleiche raus.«

»Ich möchte lieber bei der Astrologie bleiben, Hellsehen ist mir unheimlich.«

Herr Meyer lächelte amüsiert und meinte: »Sie machen sich viel zu viel Arbeit damit.«

Während wir so ruhig an dem runden Tisch saßen und die Abendsonne schräg durch das kleine Hüttenfenster fiel, erkannte ich plötzlich Herthas Aura. Sie erstrahlte in einem goldenen Schein ungefähr fünfzehn bis zwanzig Zentimeter über ihrem Kopf, ihrem Hals und ihren Schultern.

»Herr Meyer! Ich sehe die Aura von Hertha, sie ist goldgelb und sieht aus wie ein Heiligenschein!«, rief ich aufgeregt.

Hertha saß kerzengerade mit dem Rücken zur Wand, wagte sich nicht zu bewegen und fragte nach einer Weile: »Ist sie immer noch da?«

Langsam verblasste die Aura und verschwand, nur die weiße Wand dahinter blieb zurück.

Herr Meyer sagte damals, dass man die Aura des Menschen in einer bestimmten Stimmungslage und bei einem bestimmten Licht deutlich sehen könne. Er könne sie aber auch mittels eines Apparates sichtbar machen. Seine Aura-Maschine, wie er ihn nannte, hatte er in seiner Werkstatt selbst konstruiert.

Diese Tatsache ließ mir in den folgenden Tagen keine Ruhe. Wie das Schicksal so spielt, besuchte mich kurz darauf ein Bekannter, Bernd von L. Die Ausstrahlung von Bernd, der ständig mentales Trai-

ning machte, hatte mich schon immer in gewisser Weise erdrückt, zumindest empfand ich das jedes Mal so. Wenn er das Zimmer betrat, war das Zimmer voll, obwohl wir uns nur zu zweit darin aufhielten. Ich konnte seine Ausstrahlung auch nicht einordnen, konnte nicht feststellen, ob sie gut oder schlecht war. Ich kam jedenfalls nicht dagegen an.
Zum damaligen Zeitpunkt wusste ich nur wenig über das Verhältnis von Energien zwischen Menschen, die miteinander kommunizieren. Ich fühlte mich in Bernds Anwesenheit unterlegen und in gewisser Weise schwach und ausgelaugt. Das bedeutete nichts anderes, als dass meine Energien abgezogen wurden, in den seinigen aufgingen und er doppelt gestärkt wurde. Vielleicht wusste er ja durch sein mentales Training, dass die Schwächung einer anderen Person die eigene Stärkung zur Folge hat. Ob das absichtlich oder unabsichtlich geschah, sei dahingestellt.
Bernd meinte, als ich ihm von Herrn Meyer und der Aura-Maschine erzählte, dass wir sofort hinfahren sollten. Er wollte seine Aura »messen« lassen, wie er sich ausdrückte.
Wir kamen zu dritt bei Herrn Meyer an. Mein damaliger Freund Mike aus Miesbach wollte auch unbedingt an der Sitzung teilnehmen. Herr Meyer war gar nicht verwundert, als wir drei auftauchten, und meinte nur, dass er so was Ähnliches schon erwartet hätte.

Nun saßen wir erwartungsvoll in seiner guten Stube. Herr Meyer zog die Vorhänge dicht zu, damit kein Lichtstrahl mehr ins Zimmer drang. Dann holte er den so genannten Aura-Apparat aus dem Kleiderschrank. Er bestand aus drei eingefärbten Glühbirnen, die aufrecht auf einem zwanzig mal zwanzig Zentimeter großen Podest standen. Herr Meyer schaltete die Glühbirnen ein und das ganze Zimmer leuchtete in einem diffusen Licht. Er rückte einen Stuhl circa zwei Meter vor diesen Apparat. Darauf musste zuerst Bernd Platz nehmen.
In dem Augenblick, als Bernd sich hinsetzte und man seinen Schatten an der gegenüberliegenden Wand erkannte, erstrahlte das ganze Zimmer in einer rot-orangenen Farbe. Alle Wände, selbst die Decke, leuchteten rot-orange.
»So eine starke Aura habe ich noch nie gesehen«, kommentierte Herr Meyer. »Sie ist ein Zeichen starker Lebenskraft, physisch und psychisch.«
Bernd lehnte sich befriedigt auf seinem Stuhl zurück, als hätte er nichts anderes erwartet.
Danach kam Mike an die Reihe. Bei ihm leuchtete nicht das ganze Zimmer rot. Herr Meyer nahm einen langen Zeigestock zur Hand und erklärte bestimmte Stellen der Aura, warum z. B. diese an der Schulter enger war und am Kopf breiter. Dann sagte er zu Mike: »Denken Sie jetzt mal ganz intensiv an Frau Kasten.«
Als er meinen Namen aussprach, kam aus der rech-

ten Gesichtshälfte in der Nähe des Ohres von Mike an der Wand eine riesengroße Blase. Herr Meyer erklärte dazu, dass die Aura von der momentanen Emotion geprägt sei. Dann rief er: »Denken Sie jetzt an Ihre Mutter!«

Die Aura verengte sich augenblicklich und war nur noch zwei Zentimeter breit.

»Sehen Sie«, rief Herr Meyer, »das Verhältnis zu Ihrer Mutter scheint momentan gestört zu sein!«

Mike bestätigte dies.

Für uns war dieser Nachmittag ein spannendes Abenteuer, das mir ewig in Erinnerung bleiben wird. Ich war so fasziniert, dass ich darüber völlig vergaß, meine eigene Aura messen zu lassen.

Ich habe dieses Ereignis genauso aufgezeichnet, wie es sich abgespielt hat, weil es einer gewissen Komik nicht entbehrt. Doch möchte ich dem Leser im Nachhinein dazu auch folgende Erläuterungen geben:

Bei der Aura handelt es sich um einen Lichtkörper, der den physischen Körper umgibt und durchdringt und der eine spezifische Ausstrahlung besitzt. Untersuchungen haben ergeben, dass die Aura verschiedene Schichten besitzt, die von innen nach außen (vom Körper aus gemessen) aufsteigen, wobei die Substanz immer feiner wird. So ist die Aura nicht nur als Ausdruck des körperlichen, sondern auch des seelisch-geistigen Wesens eines Menschen zu verstehen.

Wenn jemand ein starkes Gefühl hat, wird seine Aura plötzlich von einer anderen Farbe und anderen Form durchdrungen. In dem Augenblick, in dem sich das Gefühl beruhigt, nimmt die Aura wieder ihre ursprüngliche Farbe und Form an. Das bedeutet: Jeder Gedanke, jedes Gefühl und auch jede Erfahrung beeinflusst und verändert die Aura und ihre Farben.

Nun sind die Strahlkräfte des Menschen verschieden stark. Sie können in einigen Fällen zwei Meter, vom Körper aus gemessen, betragen. Schon vor 60 Jahren haben spezielle Forschungen auf diesem Gebiet ergeben, dass die Durchschnitts-Aura eines Menschen ungefähr dreißig bis vierzig Zentimeter beträgt. Menschen, die sich geistig stark entwickelt haben, zeigen dabei besonders an den Kopfpartien stärkere Ausstrahlungen. Diese Strahlkräfte werden auch als die »äußere Aura« bezeichnet.

Die seelische Verfassung, Emotionen, Reizerscheinungen oder Nervositätszustände spiegeln sich in der äußeren Aura wieder. So werden den Aura-Farben eine Vielzahl verschiedener Bedeutungen zugeschrieben. Wut oder Ärger beispielsweise soll eine dunkelrote Farbe verursachen, wohingegen Liebe durch ein weiches Rosa symbolisiert wird oder Gold Reinheit bedeutet. Die Normal-Aura ist gewöhnlich blaugrau.

Wenn Sie die äußere Aura eines Menschen sehen möchten, versuchen Sie es zunächst in der Abenddämmerung, sodass Sie das Gesicht des anderen noch gut sehen können, möglichst vor einer weißen Wand. Bitten Sie die Person (welche auf Sie selbst eine starke Ausstrahlung besitzt), sich mit dem Rücken zur Wand zu setzen. Setzen Sie sich selbst im Abstand von zwei bis drei Metern vor die Person und blicken Sie dann ruhig und entspannt vorwiegend auf deren Kopf, Schultern und Arme. Vielleicht gelingt es Ihnen gleich beim ersten Mal, die Aura zu sehen. Das ist zwar selten der Fall, kommt aber durchaus vor. Ob man die Aura wahrnehmen kann oder nicht, hängt nicht nur von der Aura des Gegenübers, sondern auch vom Grad der eigenen Sensibilität ab. Insofern wird das nicht jedem gelingen.

Durch entsprechendes Licht kann man also die Aura sichtbar machen. Man kann sie aber auch auspendeln oder ausruten. Diese Methode dient der Erkennung von kranken Organen. Die Schicht der »inneren Aura«, die dafür zuständig ist, befindet sich nur wenige Zentimeter über dem stofflichen Körper. Das Pendel sollte sich für diesen Zweck der Untersuchung nur in diesem Abstand, vom Körper aus gemessen, bewegen. Es ist bekannt, dass die innere Aura einen besonderen Bezug zum Verdauungstrakt besitzt. Pendel und Rute reagieren besonders deutlich in der Magengegend und in dem Bereich des Solarplexus.

Es soll in diesem Zusammenhang nicht unerwähnt

bleiben, dass alle Lebensformen eine Aura haben: Mineralien, Pflanzen, Bäume, jedes Tier und jeder Mensch. Besonders stark können Energiefelder – ob negativ oder positiv – in Häusern vorhanden sein und auch draußen auf bestimmten Plätzen oder in bestimmten Gegenden. Ein ganzer Ort kann von einer negativen oder positiven Aura beherrscht werden. Man spricht in einem solchen Fall von so genannten Kraftfeldern. Letztendlich kann man sagen: Die Aura ist überall um uns. Sie zieht sich um die ganze Welt.

Kurz nach diesem ereignisreichen Nachmittag bei Herrn Meyer erschien Dr. Kittler aus München bei mir. Er machte damals viel von sich reden, weil er eine Kombination aus Astrologe und Hellseher war. Zumindest ging ihm auch der Ruf des »Hellsehen-Könnens« voraus.

Wenn man lange Zeit Astrologie praktiziert, schleichen sich manchmal bei einem Horoskop bzw. bei dessen Deutung hellseherische Momente ein, die man auch sofort wahrnimmt. Man darf dies aber nicht einkalkulieren. Mit den Jahren lernt man auch damit umzugehen.

Dr. Kittler praktizierte manchmal ein in meinen Augen spektakuläres Verfahren, was seine Mitteilungen oder Prognosen betraf. Sie konnten Unruhe verbreiten. Zum Beispiel rief er mich einmal um sieben Uhr morgens an mit den Worten: »Heute steht Mars vor Ihrer Türe. Am besten ist es, Sie öffnen gar nicht.«

Ich schlug sofort die Ephemeriden auf und stellte fest, dass der umlaufende Mars im Zeichen Krebs tatsächlich auf meinem Geburts-Mars stand. Um neun Uhr erschien meine Masseurin zur verabredeten Behandlung wegen meiner Rückenprobleme. Ich öffnete die Tür – es geschah nichts Ungewöhnliches. Fünfzehn Minuten später klingelte es Sturm und mein damaliger Freund Mike stand vor der Tür. Ich rief: »Du kannst nicht rein! Dr. Kittler hat gesagt, es gibt Streit!«

In diesem Augenblick wurde mir klar, dass mit Mars mein Freund Mike gemeint gewesen war. Mike (Sternzeichen Widder mit Regent Mars) war außer sich. Er polterte solange an die Türe, bis ich schließlich öffnete, und dann entlud sich ein derartiges Donnerwetter, dass wir uns daraufhin drei Monate aus dem Weg gingen. Mars hatte seine Wirkung getan.

Dr. Kittler bat mich nun bei seinem Besuch, ihn nach Miesbach zu Herrn Meyer zu begleiten. Er hatte gesundheitliche Probleme und versprach sich Aufklärung durch die Analyse seiner Aura.

Als wir zwei so über die Eck fuhren, vorbei an den einzelnen Höfen mit den bunten Bauerngärten, den Wendelstein in föhniger Reichweite zu unserer Rechten und weit am Horizont die Ebene in Richtung München sahen, bemerkte Dr. Kittler ver-

sonnen: »Starke Aura hier – verlassen Sie die Berge nicht.«
Ich blieb im Garten auf der wackeligen Bank sitzen, während Dr. Kittler und Herr Meyer in der Hütte verschwanden, und dachte über Dr. Kittlers wenige Worte nach. Jetzt wurde mir klar, warum mich diese Gegend nicht losließ, mich gefangen hielt. Es waren die positiven Kraftfelder.
Auf der Rückfahrt fragte ich Dr. Kittler: »Wenn Sie doch selbst alle Fähigkeiten besitzen, warum konsultieren Sie dann eigentlich noch jemand anderen?«
»Liebes Kind«, antwortete er väterlich, »wenn ein Arzt krank ist, kann er sich zwar selbst sein Blutbild erstellen, aber er wird es sich immer zurechtfrisieren. Er kann es für sich selbst nicht neutral deuten. Dafür braucht er einen Kollegen. Genauso ist das mit der Analyse der Aura oder mit den Sternen. Wunschdenken, Hoffnungen und die persönliche, gute oder schlechte Tagesverfassung geben ein falsches Bild ab. Es ist nicht zu erklären, warum das so ist. Aber es ist ein kosmisches Gesetz: Niemand kann sich selbst aus den Sternen lesen.«
Mit diesen Worten sprach Dr. Kittler aus, was ich bis dahin nicht wahrhaben wollte hinsichtlich der Sterndeuterei für mich selbst. Es bestätigte meine heimliche Vermutung, dass das kosmische Gesetz so gehalten ist, dass der Astrologe mit seiner Fähigkeit nur anderen dienen kann, nicht aber sich selbst.

Sinneserfahrungen an einem Oktobertag

Sein Bewusstsein verändern heißt, bereit zu sein, dieses zu öffnen, aufmerksamer kleinste Begebenheiten unseres Daseins zu beobachten, auf unsere innere Stimme zu lauschen. Wenn wir anfangen, unser Bewusstsein zu verändern, wenn wir also einen nur nach außen gerichteten Lebensweg verlassen und uns der ständigen Berieselung eines lauten Lebens entziehen, kommen wir an einen Punkt auf unserer Lebenswanderung, an dem sich ein vielfältiges Dasein offenbaren kann. Mit der Achtsamkeit öffnen sich andere Dimensionen auch in Bezug auf die uns ständig umgebenden Energien. So können wir plötzlich Dinge wahrnehmen, die üblicherweise den Menschen verschlossen bleiben, die nur an das glauben, was sie sehen und anfassen können. Wir leben dann auf verschiedenen Bewusstseinsebenen gleichzeitig, geistig multidimensional sozusagen. Die folgenden Begebenheiten sollen dies verdeutlichen.

Im Oktober 1980 wollte Mari – meine alte Bäuerin, wie ich sie liebevoll nannte – den Speicher auf

ihrem Hof ausmisten. Sie rief mich an und fragte: »Doro, kimmst obi zum Ratsch'n?«
Mit diesem Satz begann sie immer das Gespräch, wenn wir uns einige Wochen nicht gesehen hatten. Ich wusste dann, dass sie über das Leben sprechen wollte, wie man so schön sagt. In den Wintermonaten saßen wir daraufhin immer in der Küche am Ofen, der noch mit Holz geschürt und bekocht wurde, im Sommer in dem bunten Bauerngarten zwischen rosa Malven, Ringelblumen und Chosmea.
Ich fuhr also auf die Eck zum Hof. Mari stand breitbeinig in der Stalltüre, blinzelte in die Fünf-Uhr-Sonne und rief: »Geh mal auf den Dachspeicher, bevor es dunkel wird, da oben gibt es kein Licht. Vielleicht findest du etwas, das dir gefällt als Erinnerung.«
»Willst du denn sterben?«, fragte ich.
»Das weiß man nie«, antwortete sie. »Bevor ich mich abends ins Bett lege, räume ich seit neuestem das Schlafzimmer auf, ziehe ein frisches Nachthemd an und ordne meine Haare. Wenn ich dann liege, falte ich meine Hände auf dem Bauch und denke, wenn man mich am nächsten Tag so vorfinden sollte, weil ich in der Nacht gestorben bin, gebe ich wenigstens ein ordentliches Bild ab.«
Ich dachte, es gibt doch wirklich nichts, was es nicht gibt, und sagte lächelnd, aber etwas gezwungen: »Also du bist doch eine typische Waage –

willst selbst im Tod noch schön aussehen. Du würdest mir aber sehr fehlen, tu mir so etwas nicht an.«
Dann kletterte ich die wackelige Stiege hoch und kramte zwischen Spinnweben und Staub nach einer Erinnerung. Als ich nach einer Weile wieder selig unten erschien mit zwei Bildern unter dem Arm, meinte sie etwas verständnislos: »Was? Die alten Schinken hast du dir ausgesucht? Die sind doch nichts wert.«
Ich wischte den Staub ab und zeigte ihr zwei alte Landschaftsbilder, Drucke hinter Glas. Es waren romantische englische Landschaften darauf gemalt. Eins der Bilder zeigte ein altes Bauernhaus unter Bäumen in der Abenddämmerung einer hügeligen Landschaft, einen vollgeladenen Heuwagen und einen Reiter auf einem weißen Pferd. Es trug den Titel »End of an october day«.
Ich fragte Mari, wie sie zu diesen aus England stammenden Bildern gekommen sei, aber sie wusste es nicht mehr und meinte verständnislos: »Dass du dir so etwas an die Wand hängen willst!«
»Sie treffen aber genau meinen Nerv und meinen Geschmack«, beteuerte ich. »Außerdem habe ich bei dem Bild mit dem Bauernhaus so ein merkwürdiges Gefühl, das ich nicht erklären kann.«
Jedenfalls kamen die Bilder noch am gleichen Abend an die Wand und ich dachte dabei, mal sehen was passiert.
Eine Woche später, es war noch Oktober, fielen an

einem Tag drei Situationen zusammen, die mir zuflüsterten: »Jetzt drängelt das Schicksal.«
Zuerst erschien in aller Herrgottsfrühe Stefan, mein damaliger Hauswirt und Bauer, um mir zu verkünden, dass er in Erwägung ziehe, den Hof für die Zukunft umzugestalten, d. h. die Pferde zu verkaufen und den Stall in Eigentumswohnungen umzubauen.
»Dann bin ich aber vorher weg, denn so will ich nicht wohnen!«, rief ich erregt.
Einige Stunden später rief meine Freundin Traute an. Sie wollte mich überreden, sie am nächsten Tag auf eine kurze Golfreise in die Gegend von Venedig zu begleiten. Ich meinte: »Das geht jetzt nicht. Ich glaube, es liegt etwas in der Luft bezüglich einer anderen Wohnung. Saturn steht in den nächsten Tagen günstig zu meinem Mond.«
»Was heißt denn das?«, wollte sie wissen.
»Es geht um häusliche Angelegenheiten«, antwortete ich, obwohl ich wusste, dass es keinen Zweck hatte, ihr das zu erklären.
»Hm …«, machte sie langsam und meinte dann: »Wenn du dich immer danach richten willst, kommst du zu nichts. Mein Verstand sagt mir, dass das auch noch ein paar Tage Zeit hat.«
»In diesem Fall kann mir der Verstand der Jungfrau gestohlen bleiben. Mein Gefühl und meine Sterne sprechen eine andere Sprache«, rief ich und hing den Hörer ein.

Noch am gleichen Abend erschien meine Freundin Ruth in etwas bedrückter Stimmung und erzählte, dass sie von dem Mietvertrag für die Wohnung in dem Bauernhaus am Riederstein zurücktreten müsse, in die sie ursprünglich einziehen wollte.
»Dann ziehe ich da ein«, sagte ich prompt, ohne das Haus gesehen zu haben. »Auf so etwas habe ich gerade gewartet.«
Erschöpft und erleichtert lehnte ich mich in meinen Sessel zurück und zeigte auf das Bild an der Wand. »Das Bild hat seine Wirkung getan. Ich wusste, dass es mir etwas sagen will.«
Ruth stand auf und las laut: »End of an october day. Also Doro, man kann es auch übertreiben. Aber etwas merkwürdig ist es ja schon. Andererseits heißt es bereits in der Bibel: Alles Vorhaben unter dem Himmel hat seine Stunde.«
»Und bisweilen gehen eben Zeichen voraus, die uns achtsam werden lassen auf so eine Stunde«, fügte ich noch hinzu.
So geschah es dann. Am nächsten Tag konnte ich bereits den Vertrag unterschreiben. Dies war das einzige Mal, dass ich meine Sterne richtig deuten konnte. Das Bild, das mir ein Zeichen gab, war mir eine Hilfe dabei gewesen. Alle weiteren astrologischen Prognosen für mich selbst schlugen bis zum heutigen Tag fehl.
Ich sah sie als Fügung des Schicksals an, die kleinen Begebenheiten, die sich im Nachhinein Steinchen

für Steinchen zu einem Mosaik zusammengesetzt hatten. Und so zog ich bei tiefstem Schnee im Dezember 1980 ein in dieses über 100 Jahre alte, urige Bauernhaus am Fuße des Riedersteins mit Blick auf den mächtigen Wallberg. Das Haus war umgeben von Apfel- und Hollerbäumen und vor einem Fenster stand ein Haselnussbaum, dessen Zweige sich bis auf die wackeligen Holzbalkons ausdehnten, fast bis in die Bauernstube hinein. Der Winter war plötzlich nach einem sich schier endlos hinziehenden Spätherbst eingebrochen. Über Nacht hatte sich der Schnee breit gemacht, ganz still und leise, und hatte das lärmende Tegernseer Tal zugedeckt und zur Ruhe gezwungen. Die stille Zeit begann.

Das Haus an diesem Platz war wie geschaffen für alles, was mit Geheimnis zu tun hat. Das sollte ich im Laufe der Jahre immer wieder erleben. Ein Freund sagte einmal scherzhaft: »Hier gehen nachts bei Vollmond die Dachse in langen Lodenmänteln über die Wiese.«

Es nahten die Raunächte und die Tage zwischen Weihnachten und dem 6. Januar, dem Dreikönigstag. In diesen Tagen ist die Sensibilität, sind die Visionen besonders stark ausgeprägt bei Menschen, die für den Zauber dieser Zeit empfänglich sind.

In dem Brauchtum der einzelnen Regionen ranken sich merkwürdige Geschichten um diese rauen

Nächte. In Tirol, in der Gegend von St. Johann zum Beispiel, sagen die Menschen, dass man nicht weit von zu Hause weggehen und in der Silvester- und Dreikönigsnacht das eigene Haus möglichst gar nicht verlassen soll. Fällt in dieser Zeit ein Bild von der Wand, soll im kommenden Jahr ein Mensch sterben, der einem nahe steht.
Wer sich die Karten legen kann, sollte dies in den Raunächten tun, einmal täglich zwölf Tage lang. Die Aussage des täglichen Kartenblattes soll auf Ereignisse des jeweiligen Monats im kommenden Jahr hinweisen. So heißt es jedenfalls.
Das Gleiche gilt für die Träume der Nacht. Wer in der dritten Raunacht beispielsweise einen aufregenden Traum hat, kann damit rechnen, dass der Monat März, der dritte Monat des kommenden Jahres, besonders ereignisreich verläuft.
Geistwesen sind in diesen Nächten viel näher da als sonst. Sie schwirren schemenhaft an den Fenstern vorbei. Wenn man sie ruft, können sie sich manchmal sichtbar machen. Es poltert im Gebälk, im Speicher oder im Schrank. Meistens nachts zwischen zwei und drei Uhr. Wer sich dem Zauber dieser Zeit hingeben will, kann wundersame Dinge erleben. Nur fürchten darf man sich nicht.
In einer jener Raunächte geschah etwas, was mich zunächst tagelang beunruhigte, bis ich wusste, was geschehen war.
Ich war ganz allein im Haus, als ich mich gegen

23.00 Uhr ins Bett begab. Einige Türen in meinem Haus sind so niedrig, wie dies in alten Bauernhäusern oft der Fall ist, dass man den Kopf einziehen muss, wenn man ein Zimmer betritt. So auch meine Schlafzimmertür.

Im Winter lasse ich nachts die Dielenbeleuchtung als Notlicht brennen. Die Schlafzimmertür bleibt offen stehen, damit die Wärme des Kachelofens von unten das kalte Schlafzimmer etwas aufheizt. Schwaches Licht fällt dann während der Nacht ins Zimmer.

Wie ich an diesem Abend so in meinem Bett lag und noch auf den Lichtstrahl blickte, stand plötzlich eine auffallend große, schlanke, schwarze Gestalt in der Schlafzimmertür. Die Ausstrahlung der dunklen Gestalt war ernst, aber nicht furchterregend oder unangenehm, eher beschützend. Sie bückte sich etwas, als zöge sie den Kopf ein, weil der Türrahmen so niedrig war, und schritt dann langsam in die Mitte des Zimmers. Dort verharrte sie.

Ich überlegte, wie ich mich verhalten sollte. Einerseits wollte ich ihr nicht so nah sein, andererseits wollte ich sie nicht verletzen und vertreiben, weil ich spürte, dass sie ein Anliegen hatte.

So sagte ich laut: »Wer immer du bist, geh bitte raus und setze dich unten an den Kachelofen. Du kannst mich von dort aus beschützen.«

Als ich dies gesagt hatte, machte die Gestalt ganz

ruhig kehrt, bückte sich wieder im Türrahmen und verschwand im Treppenaufgang. Ich schlief bald darauf ein.
Tagelang beschäftigte mich dieses außergewöhnliche Ereignis. Was hatte es für eine Bedeutung?
Genau eine Woche später lag eine Todesnachricht in meinem Briefkasten. Als ich sie in Händen hielt und den Namen meines Uraltfreundes Plym las, der nach schwerer Krankheit verstorben war, wusste ich sofort, dass er es war in jener Nacht, der sich von mir verabschieden wollte. Sein Seelenkörper war so stark, dass ich ihn erkennen konnte, und glich seinem großen und sehr schlanken physischen Körper. Das einzige Bild, das ich von ihm besaß, war der Beweis dafür, dass er es gewesen war. Es war ein vierzig Jahre altes Foto, das ihn in einem schwarzen Skianzug zeigte. Auf der Rückseite des Fotos stand eine Widmung an mich: *»Tu es le bijou qu'il me faut toujours surveiller.«*
Das Wort *»surveiller«*, übersetzt »bewachen«, war für mich ein zusätzlicher Beweis, dass ich seinen Seelenkörper erkannt hatte, als er im Zimmer stand. Daher hatte ich gesagt: »Setz dich an den Kachelofen, du kannst mich von dort aus beschützen.«
Es war mir bekannt, dass, wenn das Sterben langsam geschieht und sich über Tage hinzieht, die Seele des Sterbenden während dieser Zeit oft für Sekunden oder Minuten aus dem Körper austritt

und an Plätze oder zu Menschen wandert, die im Leben des Sterbenden eine wichtige Rolle gespielt haben, um sich von ihnen zu verabschieden. So war ich glücklich, dass Plym und ich wenigstens auf diese Weise Abschied genommen hatten.

Nach diesen Erlebnissen wurde mir klar, dass die von meiner Seele gewählte Art der Zeitspur zu einer Erkenntnisreise werden könnte hinsichtlich der vielen Facetten außersinnlicher Wahrnehmungen.

Die Konfrontation mit derartigen Phänomenen, an denen kein Weg vorbeizuführen schien, hatte etwas Anziehendes und zugleich Spannendes an sich und ließ mich eine so breit gestreute Palette des Daseins erahnen, dass es inzwischen nichts mehr gab, was ich in diesem Zusammenhang nicht für möglich hielt.

Diese Entwicklung nahm jetzt ihren Lauf.

Geisterstunden

Im darauf folgenden Jahr brachte Maxi, die Tochter meiner Freundin Karin, um die Weihnachtszeit ein kleines Tischchen mit nach Hause. Es war aus Holz, zwanzig mal zwanzig Zentimeter groß und stand auf drei Füßen. Einer der Füße endete in einer Bleistiftspitze. Maxi fragte mich, ob ich schon einmal mit Geistern gesprochen hätte.

Ich kannte dieses Psi-Phänomen als »Tischrücken« und wusste von Leuten, die angeblich mit Hilfe solch eines Tischchens verstorbene Verwandte kontaktierten. Ich hatte auch gehört, dass sich dann manchmal so genannte »Störgeister« meldeten, die sich einen Spaß daraus machten, die Teilnehmer einer solchen Séance an der Nase herumzuführen, indem sie Dinge schrieben oder Prognosen stellten, die die Fragenden zutiefst beunruhigten oder schockierten.

Ich willigte aber ein zu diesem Experiment. So legten wir einen Bogen Schreibpapier auf den Tisch, stellten das kleine Tischchen darauf, legten vorsichtig unsere Fingerspitzen auf dessen Rand und riefen: »Tischchen, bitte melde dich!«

Nach mehrmaligem Rufen begann sich das Tischchen zu bewegen. Zuerst zeichnete es Wellenlinien und Kreise, dann tauchten Namen auf wie James, Ute, Martha ... Ich wusste damit nichts anzufangen und war auch nicht sonderlich beeindruckt. Und so blieb es zunächst bei diesem Versuch.

Einige Tage darauf entdeckte ich das Tischchen wieder anlässlich eines Besuches bei Karin und Maxi. Es stand im Wintergarten zwischen Blumen und Pflanzen und schien mich zu fixieren, als wollte jemand Bestimmtes mit uns sprechen. Wir entschlossen uns, noch einmal den Versuch zu starten, mit Hilfe des Tischchens jemanden »da oben« zu kontaktieren.

Als wir so im Halbdunkel bei Kerzenschein erwartungsvoll um das Tischchen saßen und es mit den Fingerspitzen vorsichtig berührten, begann es, sich intensiv zu drehen und ein Zeichen zu schreiben, das wie eine liegende Acht aussah. Ich hatte irgendwo gelesen, dass dieses Zeichen angeblich spirituell den Weg vom Diesseits ins Jenseits zeigen soll. Es wird auch das »Zeichen der Unendlichkeit« genannt.

»Wer meldet sich denn da?«, fragte ich aufgeregt.

Das Tischchen schrieb: »Jesus.«

Wir blickten uns verdutzt an. Ungläubig sagte Karin: »Bist du Jesus Christus?«

»Nein«, schrieb der Tisch, »gute Räte gaben mir den Namen Jesus.«

»Von woher sprichst du denn?«, fragte ich weiter.
»Ich spreche zu euch aus der mentalen Ebene. Sie befindet sich auf dem Planeten Neptun«, schrieb der Tisch.
Jetzt wurde ich neugierig. In meinem Kopf überschlugen sich Erinnerungen an Bücher und Artikel, die verschiedene Ebenen im Kosmos beschrieben.
»Wie sieht es denn auf dem Neptun aus?«, rief ich.
»Hell und schön sieht es aus. Es gibt Berge, Seen und Blumen. Es ist ein schöner, ruhiger Planet«, lautete die Antwort.
Im Interesse meiner astrologischen Tätigkeit und in der Panik, dieses wäre möglicherweise das erste und einzige Gespräch mit einem Geistwesen, bohrte ich weiter:
»Jesus, bitte sage uns, wie viele Seelen leben auf dem Neptun?«
»Ungefähr sieben Millionen.«
Der Tisch schrieb bei dieser Antwort zunächst nur die Zahl sieben. Wir baten ihn daraufhin, diese als Wort auszuschreiben, weil sie mit einer Eins verwechselt werden konnte.
»Und was ist mit Saturn und Uranus?«
»Nichts«, schrieb er, »hier können keine Seelen existieren.«
»Und auf Jupiter?«
»Hier befinden sich höhere Seelen.«
Jesus schrieb sehr zügig, fast ohne zu überlegen,

wie mir schien. Er vermittelte dadurch den Eindruck, dass dies wirklich so ist.

Ich sagte leise zu Karin: »Mars haben wir noch vergessen.«

Da schrieb er schon: »Nur männliche Seelen.«

Typisch, dachte ich und fragte nach Pluto.

»200 000«, schrieb er als Zahl auf.

»Warum sind da so wenig Seelen?«, wollte Karin wissen.

»Spirituelle Ebene, wird von wenigen erreicht«, lautete die Antwort.

»Auf welchem Planeten sind denn die meisten Seelen?«, fragten wir schließlich noch.

»Auf der Venus«, schrieb der Tisch. Das leuchtete uns ein, weil die Venus der erdnächste Planet ist.

Während der Sitzung glaubte ich, wir müssten uns besonders stark konzentrieren, um den Kontakt nicht zu verlieren. Tatsächlich waren wir nach einer Weile todmüde. Jesus spürte wohl unsere Verfassung, denn plötzlich schrieb er, ohne dass wir etwas gefragt hatten: »Meine Lieben sind nicht mehr munter.«

So beendeten wir die Sitzung und bedankten uns. Jesus zeichnete wieder die liegende Acht.

Nach diesem Erlebnis geschah eine Reihe merkwürdiger Dinge. Maxi behauptete, dass in der Nacht nach unserer Sitzung im Hause die Türen geschlagen hätten, obwohl kein Fenster offen gestanden sei. Sie selbst sei daraufhin sogar während der Nacht ins Zimmer der Eltern umgezogen. Auch Karin meinte, dass eine Tür bis in die Morgenstunden unentwegt geschlagen hätte, obwohl sie mehrmals aufgestanden sei, um sie zu schließen. Das sei noch nie passiert. Maxi habe außerdem Magenkrämpfe bekommen und sich schließlich übergeben.

Ich konnte mir keinen Reim darauf machen und lachte die beiden aus.

»Die Geister, die ich rief, werde ich nicht mehr los«, sagte ich etwas spöttelnd.

Irgendwo hatte ich gelesen, dass man böse Geister durch ein Gebet vertreiben kann. Aber Jesus war doch kein böser Geist! Da stimmte doch etwas nicht!

Was mich selbst betraf, so war ich auf jeden Fall völlig sicher, dass sich bei mir nichts ereignen würde.

Am Mittag des nächsten Tages gegen dreizehn Uhr – ich hatte mich gerade nach dem Essen an den Kachelofen verzogen, das Geschirr stand noch auf dem Tisch – ging plötzlich die Hängelampe über dem Esstisch an. Gleichzeitig schaltete sich der Fernseher ein. Ich sprang auf, schaltete beides wieder aus und dachte nicht weiter darüber nach. Am Tag registriert man Dinge anders als in der Nacht. Die gleiche Situation in der Nacht wäre zum Fürchten gewesen.

Erst gegen Abend, als es dunkel wurde, überlegte

ich, was da eigentlich passiert war. Die einfachste Erklärung dafür war natürlich ein vorübergehender Stromausfall, der nicht bemerkt wurde. Vielleicht war das der Grund.
Jedenfalls begaben wir, Karin, Maxi und ich, uns noch am gleichen Abend in die zweite Sitzung, die folgendermaßen ablief:
Es war 21.00 Uhr. Draußen schneite es schon seit Stunden und die Stimmung passte vorzüglich zu unserer Verfassung. Als ich eintraf, lief Maxi aufgeregt im Esszimmer umher und behauptete, »er« sei schon da, das spüre sie genau. Karin meinte nur, dass sie so eine Nacht wie die letzte nicht noch einmal erleben wolle. Obwohl sie an der Galle operiert worden sei, hätte sie eine Kolik bekommen. Ich selbst fragte, hin und her gerissen zwischen positivem Glauben und unterschwelliger Angst, die ich nicht eingestehen wollte: »Ja bin ich denn hier in einem Geisterhaus?«
In Windeseile legten wir die notwendigen Utensilien auf den Tisch. Papier, Bleistift, Radiergummi etc. Dann rief Maxi mit flehender Stimme: »Jesus, bitte melde dich!« Und zu uns gewandt: »Vielleicht meldet er sich jetzt nicht mehr?«
Doch Jesus war sofort da.
»Guten Abend meine Lieben«, schrieb das Tischchen.
Karin fragte, wie immer sehr höflich: »Wie geht es dir?«

»Danke, mir geht es gut. Und euch?«
»Uns nicht!«, rief Maxi. »Wir haben die ganze Nacht nicht geschlafen, weil überall Türen schlugen. Was hatte das zu bedeuten?«
»Memmen«, schrieb das Tischchen.
Wir blickten uns fragend an. Damit hatten wir nicht gerechnet.
»Ihr seid Memmen«, schrieb Jesus noch einmal in sehr großen Buchstaben.
Ich stand auf und sagte: »Wenn das so ist, dann war das heute meine letzte Sitzung.«
Maxi und Karin blieben wie versteinert am Tisch sitzen. Ziemlich ratlos rief ich: »Wer hat denn heute Mittag bei mir das Licht und den Fernseher eingeschaltet?«
»Das war mein Geist«, schrieb Jesus.
»Kannst du mir versprechen, dass das nicht noch einmal passiert?«, fragte Maxi. »Bitte versprich mir das.«
»Nein, das kann ich nicht versprechen.«
Maxi warf einen verzweifeltem Blick zum Himmel und flüsterte: »Was sollen wir denn jetzt machen? Vielleicht waren das ja die Störgeister, die mag ich aber nicht …«
»Nicht mögen gibt es nicht«, schrieb der Tisch mitten in unsere Unterhaltung.
Ich hatte inzwischen Mantel und Stiefel angezogen.
»Geh nicht nach Hause, schlaf lieber bei uns«, rief Maxi.

»Kommt nicht in Frage«, antwortete ich entschieden. Das Gefühl wie vor einer Prüfung stieg in mir hoch bei dem Gedanken an die kommende Nacht. Aber ich war fest entschlossen, den Kampf gegen das unsichtbare Phänomen zu bestehen.
In Mütze und Mantel setzte ich mich wieder an den Tisch und sagte ernst: »Jesus, ich muss mir die Sache noch einmal gründlich überlegen. Unter diesen Umständen sind wir nicht sicher, ob ein weiterer Kontakt zu dir gut für uns ist. Im Augenblick jedenfalls sind wir verängstigt. Ich wünsche dir eine gute Nacht.«
»Gute Nacht«, flüsterten auch Karin und Maxi.
Jesus antwortete nicht. Er schrieb nur drei Mal die liegende Acht.
Allein stapfte ich durch die Winternacht nach Hause. Mir wurde klar, dass jeder, der, auf welchen Gebieten auch immer, herumexperimentiert, auf Überraschungen gefasst sein muss. Dass aber andererseits jeder, der sich gleich einschüchtern lässt, auch nicht weiter kommt. Auf keinen Fall wollte ich aufgeben.
Allein im Haus, ließ ich in dieser Nacht alle Lichter brennen und erstarrte bei jedem Geräusch. Die Holzdecken knarrten mächtig, viel mehr als sonst. Gegen Morgen schlief ich endlich völlig erschöpft ein.
In den Tagen darauf stellte ich fest, dass ich es kaum erwarten konnte, wieder »in Sitzung« zu gehen, wie Maxi es nannte. Mir war längst klar,

dass, wenn wir nicht sofort mit dem Tischrücken aufhören würden, wir auf den Geistertrip geraten würden. Es war einfach zu spannend. Ich hatte mir eine Reihe von Fragen überlegt, doch verlief die folgende Sitzung anders als erwartet.
Nach der gegenseitigen Begrüßung stellte Maxi eine Frage. Den Sinn dieser Frage habe ich vergessen. Jesus antwortete jedenfalls darauf: »Das stimmt, so wahr ich hier sitze.«
»Was?«, rief ich entsetzt. »So wahr, wie du hier sitzt? Wo bist du denn?«
Das Tischchen fuhr mit einem langen geraden Strich direkt in Richtung des Stuhls neben Karin. Die rückte den Stuhl sofort etwas vom Tisch zurück, damit er bequem sitzen konnte, und sagte: »Bitte schön!«
Ich wollte das kontrollieren, legte meinen Zeigefinger auf die Lippen, stand wortlos auf, holte ein Glas aus dem Schrank, füllte es mit Cognac und stellte dieses vor den Platz, auf dem Jesus saß.
»Vielen Dank für die Aufmerksamkeit«, schrieb er in die schweigende Runde.
Dann fragte Maxi: »Sitzt du immer hier? Wir dachten, du schwebst im Zimmer umher, mal hier, mal da …«
»Nein, normalerweise sitze ich am Ende des Tisches auf dem Papier.«
Wir hatten am Tischende die Schreibpapierbögen gelagert, die wir für die Sitzung benötigten.

»Oder dort.« Er zeichnete eine Pflanze aus dem Blumenfenster.
»Wie ist denn das, nimmst du auch an unserem Leben teil, ohne dass wir dich rufen?«, fragte ich.
»Ich bin oftmals am Tage bei euch«, meinte er.
»Woran merken wir das denn?«, wollte Karin wissen.
Auf diese Frage hin hörten wir ein lautes Knacken in der Holzdecke über uns. Gleichzeitig klapperten hinter allen Fenstern die Jalousien.
»Habt ihr das gehört?«, schrieb Jesus.
Maxi rief mit offenem Mund und ängstlichem Blick: »Bitte, lieber Jesus, wir möchten aber nicht, dass du uns hier erscheinst. Davor habe ich Angst!«
»Nein, das verspreche ich euch«, antwortete er.
»Schaust du morgen auch das Tennismatch an?«, hakte Maxi noch einmal nach.
»Nein, da komme ich nicht hin, ich bin nicht auf Tennisplätzen. Für heute gute Nacht, meine Lieben.«
»Gute Nacht und vielen Dank«, antworteten wir. Dann folgte drei Mal die liegende Acht.
Am nächsten Morgen rief Karin bei mir an. Sie war ziemlich aufgeregt und erzählte, ihr Mann habe sie nachts um ein Uhr geweckt mit den Worten: »Im Hotel sind einem Gast Schmuck und Geld gestohlen worden. Fragt doch mal den Geist, wie die Geschichte ausgeht.«
Karin sei daraufhin aufgestanden und habe Maxi

»zur Sitzung« mit Jesus geweckt. Das Tischchen habe auf ihre diesbezügliche Frage die Worte geschrieben: »Morgen gegen 15.00 Uhr – Tiefgarage.«
Dieses Telefongespräch zwischen Karin und mir erfolgte morgens gegen zehn Uhr. Nachmittags konnte die Polizei gegen 15.00 Uhr den Dieb stellen, als er mit dem Auto die Tiefgarage des Hotels verlassen wollte. Hierbei muss gesagt werden, dass die Polizei natürlich nichts von unserem »Tischrücken« wusste, sich jedoch um diese Zeit gerade – zufällig? – in der Tiefgarage aufhielt.

Trotz meiner großen persönlichen Neugier bezüglich dieses Phänomens wurden mir mehr und mehr die Gefahrenmomente bewusst, die möglicherweise hätten eintreten können, wenn wir unter den Einfluss negativer Kräfte geraten wären. Wir hatten das Glück gehabt, einen »guten Geist« erreicht zu haben. Es hätte aber auch anders sein können. Jeder Mensch, der versucht, mit dem Jenseits bzw. mit Geistwesen aus anderen Dimensionen (Ebenen) Kontakt aufzunehmen, kann Gefahr laufen, auch mit niederen Seelen in Berührung zu kommen. Denn es gibt Geistwesen, so genannte Störgeister, die sich als etwas anderes ausgeben, als sie sind. Wie bei den Menschen auch.
Die Seele kommt nach dem physischen Tod des Körpers zunächst mit allen Ungereimtheiten, Feh-

lern und Schwächen »da oben« an und darf dann dort weiter an ihrer geistigen Entwicklung arbeiten. Nun gibt es aber Seelen, die sich diesem Läuterungsprozess nicht unterziehen wollen, da sie zunächst gar nicht wissen, wo sie sich eigentlich befinden. Sie können und wollen das Materielle nicht hinter sich lassen, können sich von der Erde nicht lösen und suchen verzweifelt ein menschliches Wesen, das sich »besetzen« lässt.

Daher ist es wichtig, dass wir auch solche »armen Seelen« in unsere Gebete miteinschließen. Wenn Angehörige oder Freunde von uns gehen, sollten wir ihnen den Weg mit Gebeten erleichtern, damit sie schneller in die Sphären der Liebe aufsteigen können. Wir tun ihnen keinen Gefallen, wenn wir sie täglich rufen und somit hier fest halten.

Nach einiger Zeit der Ruhe – meistens einer Spanne von einem Jahr unserer Zeitmessung – dürfen wir sie kontaktieren. In den meisten Fällen melden sie sich aber in irgendeiner Form von selbst, da nach diesem ersten Läuterungsprozess die Seele frei ist und selbst entscheiden kann, wo sie sein möchte.

Wir können deshalb davon ausgehen, dass wir von Seelen umgeben sind, vor allem, wenn wir sie rufen, und dass wir besonders die Gegenwart jener Toten spüren können, mit denen uns zu Lebzeiten eine innige Beziehung verband.

Der einzige Unterschied zwischen uns und den

Verstorbenen ist der, dass sie sich in einer unsichtbaren Form befinden. Die verschiedenen Ebenen, in denen sich die Geistwesen befinden, symbolisieren ihre mentale Entwicklungsstufe. Daher meine erste Frage an Jesus, aus welcher Ebene er zu uns spricht.

Ein solches Kommunizieren setzt natürlich die Erkenntnis voraus, dass der Mensch an sich ein geistiges Wesen ist, dem für die Dauer dieses Erdenlebens der physische Körper lediglich dazu gegeben wurde, um auf diesem Planeten überhaupt existieren zu können. Als Fortbewegungsmittel sozusagen. Nach dem Tod des physischen Körpers leben Seele und Geist unter anderen Seinsbedingungen bzw. in anderen Dimensionen weiter.

Seelenreisende – das sind Menschen, welche die Technik beherrschen, ihre Seele für kurze Zeit aus dem Körper treten zu lassen, damit diese Reisen in andere Welten unternehmen kann – sehen unser geistiges Universum in verschiedene Dimensionen (Ebenen) aufgeteilt, welche die Entwicklungsstufe der Seelen symbolisieren, die eine solche Ebene bewohnen (die Beschreibung deckt sich mit den Botschaften medialer Personen):

So ist die Astral-Ebene die der Erde am nächsten gelegene Ebene. Es heißt, dass sich hier die meisten Seelen nach dem physischen Tod aufhalten.

Der erdnächste Planet, die Venus, wird übrigens in Verbindung mit der Astral-Ebene gebracht. Diese

Ebene wird auch von klinisch Toten, die ins Leben zurückgerufen wurden, in leuchtendem Licht und überwältigender Farbenpracht beschrieben. Sie ist auch bisweilen der Ort, an dem wir nachts in unseren Träumen auf bunten Wiesen wandern. Beim Erwachen denken wir dann, dass es ein wunderschöner Traum war. Ob unsere Seele vielleicht beim Schlaf eine Astral-Wanderung gemacht hat, die wir als Traum bezeichnen, erkennen wir an dem Gefühl des plötzlichen »Ins-Bett-fallens«. Dann nämlich ist unsere Seele gerade in den Körper zurückgekehrt und wir erwachen augenblicklich.

Nach der Astral-Ebene soll die Kausal-Ebene folgen, die auch Verstandes-Ebene genannt wird. Die nächsthöhere Dimension wird als Mental-Ebene definiert. Vereinfacht ausgedrückt, ist sie der Platz der Inspiration und der medialen Kräfte.

Mit der darauf folgenden Dimension beginnen die spirituellen Ebenen, die ihrerseits wieder in verschiedene Sphären aufgeteilt werden.

Von Ebene zu Ebene wird die Materie weniger (im Vergleich zur Erde, die als rein physische Ebene aus hundert Prozent Materie besteht). Je weniger Materie eine Ebene hat, desto höher ist die Entwicklungsstufe der Seelen, die eine solche Ebene bewohnen.

Die umfangreiche Literatur des Anthroposophen Rudolf Steiner (1861–1925), dem Gründer der Waldorfschulen, gibt über diese Erkenntnisse Aufschluss. Alles, was wir heute glauben zu wissen, war bei Steiner schon da. Seine Botschaft lautete, dass der Mensch Anschluss an das geistige Prinzip des Alls gewinnen soll.

Wir haben Jesus noch einige Male im Laufe des Jahres gerufen. Je länger die rauen Nächte vorüber waren und je heller die Abende wurden, desto länger dauerte es aber, bis er sich meldete. Einmal haben wir ihn auch gefragt, wie das eigentlich funktioniert, dass er uns erreicht. Er schrieb daraufhin folgende Worte in Versen:

Ich komme zu euch durch die Atmosphäre,
ich wollte schon lange, wusste aber nicht wie.
Die Übertragung meiner Worte
geschieht durch Wellen und Energie.

Wenn das wirklich so ist, landet die Energie also bei demjenigen, der dafür empfänglich und bereit ist. Und durch die Berührung des Tischchens wird sie umgesetzt.

Auf diese Weise hatte der Kontakt mit Jesus unser Bewusstsein für den Empfang späterer Botschaften mittels eines Mediums geöffnet, von denen im letzten Kapitel dieses Buches berichtet wird.

Ein gutes Geistwesen bzw. ein geistiger Helfer nähert sich nur dem Menschen, bei dem die Bereitschaft vorhanden ist, mit der geistigen Welt in Kontakt zu treten. Menschen, die sich ausschließlich um sich selbst drehen, die nur die Befriedigung ihrer täglichen Bedürfnisse in der materiellen Welt sehen, die keinerlei Interesse haben für die Entwicklung ihrer Seele, finden von sich aus keinen Zugang zur geistigen Welt. Warum also sollte sich ihnen ein geistiger Helfer nähern?

Die Frage, was man tun sollte, wenn ein Geistwesen anwesend ist, wird mir auch heute noch öfter gestellt, als man annehmen könnte. Ich kann aus meiner eigenen Erfahrung sagen: Wenn man spürt, dass noch jemand »Unsichtbares« im Raum ist, ein Geistwesen also, sollte man es ansprechen. Hat es eine angenehme, wohltuende Ausstrahlung, können Sie ihm ein persönliches Anliegen vortragen wie z. B.: »Ich brauche auf der Stelle dringend Hilfe. Bitte, lieber Schutzgeist oder Schutzengel, unterstütze mich, eine Lösung für mein Problem zu finden.« Nennen Sie das Problem und Ihre Sorgen beim Namen. Er wird helfen, soweit es ihm seinerseits aus höherer Warte erlaubt ist.

Ist Ihnen jedoch unheimlich zu Mute durch die Ausstrahlung eines eventuellen Störgeistes oder spüren Sie negative Strahlen um sich, dann bitten Sie den Geist höflich, aber bestimmt, unverzüglich das Haus zu verlassen. Sollte er dennoch bleiben, sprechen Sie ein Gebet. Er verschwindet daraufhin sofort.

Je sensibler ein Mensch auf diese Phänomene reagiert, desto mehr spielt sich natürlich auf diesem

Gebiet in seinem Umfeld ab. Besonders in den Wintermonaten, an langen Abenden auf dem Lande, werden die Menschen für solche Wahrnehmungen empfänglicher. Aus ihnen entstehen allerdings zum Teil auch die übertriebenen Spukgeschichten der rauen Nächte.

Der gute Geist eines Hauses und die Kraft eines intakten Umfeldes können unsere Sinne und Empfindungen verschärfen, Gedanken kristallklar erzeugen. Das spüren z. B. Freunde, die sich über einen längeren Zeitraum bei mir aufhalten.

»Wenn ich so still in deinem Garten liege, die Idylle betrachte, die um mich herum herrscht, wenn ich bewusst ein- und ausatme, dann sehe ich öfters den Schatten einer Gestalt am Gartentor stehen. Ich erkenne sie nicht ganz genau, aber die Gestalt ist da. Sie trägt einen großen schwarzen Hut mit breitem Rand und einen dunklen Umhang.«

Diese Worte sagte Nicki einmal eines Sommerabends zu mir. Nicki wohnte eine Weile bei mir im Haus.

»Die Gestalt ist Herr Wenglein, der ehemalige Besitzer dieses Hauses, der vor zwanzig Jahren in meiner Wohnung verstorben ist. Seine Seele hütet wahrscheinlich nach wie vor das Haus und wehrt negative Kräfte ab«, gab ich als Erklärung.

»Ja, so habe ich das auch empfunden. Er blickt zwar immer auf mich, kommt aber nicht näher. Er bleibt am Tor stehen.«

»Es ist auch nicht notwendig, dass er näher kommt, vielleicht möchte er dich nicht ängstigen. Er kennt ja die positiven Energiefelder rund ums Haus und hält sie mit seiner geistigen Präsenz sauber. Darüber bin ich glücklich und fühle mich beschützt.«

»Vielleicht war er es ja, der dich ausgesucht hat, in seinem Haus zu leben, und dich dahingehend geistig beeinflusste. Wäre doch möglich, oder?«

»Ja, das wäre möglich. Vielleicht hatte er tatsächlich die Hände im Spiel und hat Schicksal gespielt«, überlegte ich. »Es heißt ja, die Stätte, an der ein guter Mensch zu Lebzeiten gewirkt hat, sei ein guter Boden.«

Telepathie oder Hellseher?

dem wirklichen Hellsehen (der Erkenntnis). Oft wird die telepathische Fähigkeit, also das Eindringen in die momentane Gedankenwelt des Gegenübers, von einem Hellseher für eine Prognose benutzt. Ich will damit keineswegs dem Hellseher eine Täuschung unterstellen, sondern lediglich eine gewisse Unkenntnis zum tatsächlichen Sachverhalt.

Dazu ein Beispiel: Jemand befindet sich innerlich in einer Phase des Umbruchs. Von Unruhe getrieben, will dieser Mensch plötzlich alles verändern. Dabei gehen ihm alle Veränderungsmöglichkeiten durch den Kopf: Wechsel des Arbeitsplatzes oder Wohnungswechsel, Partnerwechsel etc. Genervt sucht er in dieser Verfassung einen Hellseher auf. Dieser fängt telepathisch seine Gedankenwelt auf und formuliert sie so: »Sie werden in Kürze in eine andere Stadt umziehen.« Die betroffene Person ist fasziniert von einer solchen Aussage und überdenkt nicht das Ende einer solchen Unternehmung. Stattdessen begibt sie sich auf Wohnungssuche in eine andere Stadt, in der Hoffnung, dass es ihr dadurch besser geht. Dies bleibt zunächst jedoch im Ungewissen, da sie sich selbst und ihre Unruhe mit in die nächste Stadt nimmt.

Solche Fälle gibt es leider. Aufgrund der definitiven Aussage des Hellsehers wird der Rat suchenden Person das Gefühl zur Selbstentscheidung genommen. Und das sollte und darf nicht sein.

Andererseits muss jeder beim Besuch eines Hellsehers von vornherein einkalkulieren, dass ihm definitive Aussagen gemacht werden, ohne Rücksicht darauf, wie er anschließend damit fertig wird. Leider ist hier in vielen Fällen der spektakuläre Gedanke eines Hellsehers vorherrschend und nicht die Beratung zum Wohle des Rat suchenden Menschen.

Ein seriöser Berater oder Hellseher wird seine Formulierung immer so abfassen, dass sie keine direkte Beeinflussung darstellt. In dem geschilderten Fall würde er beispielsweise sagen: »Ihre augenblickliche Situation zeigt den Wunsch nach einer drastischen Veränderung. Überstürzen Sie jedoch nichts. Prüfen Sie zuerst alles. Wenn Sie dann nach einer Weile immer noch nicht zur Ruhe gekommen sind, können Sie immer noch einen Wechsel vornehmen.«

Oberstes Gebot eines Hellsehers sollte also nicht die spektakuläre Voraussage sein, sondern die helfende Motivation. Selbst wenn der Hellseher eine dunkle Wolke vor seinem geistigen Auge sieht, sollte er diese so deuten, dass sie für den Ratsuchenden nicht zur katastrophalen Erscheinung wird. Ich verweise dabei auf mein eigenes, damaliges Erlebnis mit dem Hellseher Uranus, der meinen Tod im 70. Lebensjahr voraussagte. Ich habe dies bis heute nicht vergessen und der Zeitpunkt rückt immer näher …

Um dem Leser den feinen Unterschied zu verdeutlichen, was die Handhabung einer telepathischen Übermittlung betrifft, ist das folgende Beispiel geeignet.

Eines Abends saß ich im Bichlhof beim Abendessen in einer größeren Gesellschaft. Tags zuvor hatte mein Nachbar von einem Haus am See erzählt, das vermietet werden sollte. Im Verlauf des Abends sah ich plötzlich dieses mir bekannte Haus gedanklich vor mir. Auf seiner Terrasse saß unter einer gelben Markise das Ehepaar, das an jenem Abend am Nebentisch speiste. Wir hatten bis zu diesem Augenblick noch nicht miteinander gesprochen.

Ich überlegte einen Moment, ob ich auf diesen kurzen Filmausschnitt vor meinem geistigen Auge reagieren sollte. Dann entschloss ich mich dazu, weil niemand Schaden nehmen konnte, so, wie ich es darstellen wollte. Also ging ich zum Nebentisch und fragte die beiden, ob es möglich sei, dass sie umziehen wollten. Sie schauten mich erstaunt und etwas ungläubig an, bejahten jedoch meine Frage. Allerdings seien sie noch auf der Suche nach einem geeigneten Haus.

Ich erklärte dem Ehepaar daraufhin die Situation, die gerade bei mir gedanklich abgelaufen war, und nannte ihnen die Adresse meines Nachbars als Kontaktperson für den Fall, dass sie interessiert seien.

Alles Weitere lief dann von selbst. Drei Monate spä-

ter wohnten sie bereits in diesem Haus am See mit der Terrasse und der gelben Markise, die ich so deutlich gesehen hatte.
Solche Übermittlungen oder »Bilder«, die man empfängt, können und dürfen nur dann weitergegeben werden, wenn sie das Bewusstsein einer anderen Person stärken oder eine Hilfestellung auf dem bereits eingeschlagenen Weg sind.
Ein Glücksmoment kann in einer positiven Motivation liegen. Auch hierzu ein Beispiel:
Im Sommer 1987 folgte ich einer Einladung, die bei meiner langjährigen Freundin Maja Schulze-Lackner in Aufkirchen stattfand. Paul Sahner hatte die Chefredaktion des gerade ins Leben gerufenen Life-Style-Magazins Monaco übernommen, und es ging um unsere diesbezügliche Mitarbeit: Maja in Sachen Mode und ich in Sachen Horoskope.
Als wir mit noch einigen anderen Gästen rund um den Tisch saßen, fiel mir unter den vielen ausgewählten Bildern an der Wand ein kleines Ölbild auf, an dem mein Blick eine Weile hängen blieb. Es hieß »Das Haus am Meer«.
»Wer hat denn dieses stimmungsvolle Bild gemalt?«, wollte ich wissen.
Majas Ehemann, von Freunden »Klaupe« genannt, hob wie in der Schule einen Zeigefinger hoch. In diesem Augenblick überkam mich eine leichte Gänsehaut und dieses mir allzu vertraute Gefühl, das mir meinen Gedankenweg bestätigt.

»Dann könnte die Malerei dein zukünftiger Weg sein – denke darüber nach«, motivierte ich ihn. Klaupe antwortete, dass er bereits seit längerer Zeit mit dem Gedanken spiele, Bilder zu malen. Worauf mir klar wurde, dass ich lediglich seine Gedankenwelt telepathisch aufgefangen hatte. Das Bild an der Wand spielte den Übermittler bzw. den Auslöser für diese Übermittlung an mich.

Eine Weile später begann er tatsächlich zu malen. Seine erste Ausstellung hatte er im Juni 1995.

An dieser Stelle könnte sich der Leser fragen, was denn nun genau der Unterschied zwischen Telepathie und Hellsehen ist, da dies immer zusammen »in einen Topf« geworfen wird. Bei näherer Betrachtung wird deutlich, dass Telepathie wenig mit Hellsehen zu tun hat.

Telepathische Übermittlungen äußern sich in den meisten Fällen durch kurze »Bilder«, durch Sekundenfilme, die eine Situation zeigen können (wie z. B. das Haus am See mit der Terrasse). Insofern stellt die Telepathie mehr ein momentanes Situations-Thema dar, was auch ein Grund ist, weshalb parapsychologische Messungen in der Telepathie stattfinden können, die dieses Phänomen bestätigen.

Die Prophetie hingegen offenbart sich durch wahre, geistige Erkenntnis. Sie vermittelt dem Propheten oder Hellseher, dass ein bestimmtes Ereignis geschehen wird. Sie äußert sich wissensmäßig als unumgängliche Tatsache. Dieses Wissen, das aus dem höheren Bewusstsein resultiert, benötigt keine Bilder oder »Filmausschnitte« und übrigens auch keine Hände, um darin die Zukunft zu lesen. Die wirkliche »Sicht« ist zudem zeitlich schwer eingrenzbar und kann sich auch auf Dinge in fern liegender Zukunft beziehen.

Hellsehen, die geistige Erkenntnis also, ist in der Frequenz nicht messbar. Vielleicht erhalten wir jedoch eines Tages aus anderen Dimensionen oder Seinsbedingungen nähere Hinweise über dieses Mysterium, das uns unerklärbar erscheint.

Nach dem Tod von Herbert Löhlein, der über 30 Jahre lang die Horoskope für die Zeitschrift Madame ausarbeitete, bat mich die Redaktion 1987, die Arbeit von Herrn Löhlein für einige Monate fortzusetzen. Die Zeitspanne bis zu dem Vertragsbeginn seines zu Lebzeiten bestimmten Nachfolgers musste überbrückt werden.

In diesem Ereignis offenbarte sich meine eigene Zeitspur, die ich 27 Jahre zuvor in dem Gespräch mit meinem Vater (»Eines Tages werde ich Horoskope schreiben«) bereits betreten hatte, zum damaligen Zeitpunkt aber noch nicht erkennen konnte. Die Situation war um so exakter eingetroffen, da ich 1960 bei diesem Gespräch die Horoskope von Herrn Löhlein las.

Die Zeitspur zeigte sich gleich zwei Mal, denn ab diesem Zeitpunkt übernahm ich auch für fünf

Jahre die Quartalshoroskope für die Zeitschrift Monaco. Der Weg meiner Zeitspur hatte sich anhand dieser Situationen offenkundig gezeigt und gewissermaßen erfüllt.
Mein Wissensdrang für das, was sich hinter der Kulisse unseres Erdenlebens abspielt, und meine Neugierde, wie sich bestimmte Realitäten der geistigen Welt mit unserem Leben hier verbinden, waren jedoch keinesfalls befriedigt.

Also sprach Sokrates

Es folgten Jahre des Abschiednehmens. Ich hatte inzwischen meinen stärksten Bezugspunkt in diesem Leben verloren – meine Eltern. Der feste Boden unter meinen Füßen, den ein Steinbock-Aszendent benötigt, und die seelische Zuflucht, die für eine Krebs-Geborene sehr wichtig ist, waren erschüttert und ins Wanken geraten. So brauchte ich Jahre, um über diesen Verlust hinwegzukommen.

In dieser Zeit wurde ich einige Male aufgefordert, an »Sitzungen« mit einem Sprechmedium teilzunehmen. Aus unerklärlichen Gründen lehnte ich dies jedoch jedes Mal ab.

Dann – nach dem Tod von Jochen Kasten, der übrigens noch ein drittes Mal geheiratet hatte und somit in die Fußstapfen seines Großvaters getreten war, wie ich schon dreißig Jahre zuvor vermutet hatte, und nach dem plötzlichen Tod meiner »Seelenfreundin« Hannelore von Weech – erhielt ich erneut eine Einladung zur Teilnahme an einer derartigen Séance.

Dieses Mal sagte ich zu. Mein Herz war voller

Fragen und Traurigkeit. Die täglichen Gespräche mit Hannelore fehlten mir. Uns hatte in erster Linie der Glaube an ein jenseitiges Dasein verbunden und so hatten wir besprochen, dass diejenige von uns beiden, die zuerst »da oben« ankommt, sich in irgendeiner Form meldet, sobald dies möglich ist. Ich wusste bereits, dass bis dahin ein längerer Zeitraum vergehen würde.
Ich fragte unsere gemeinsame Freundin Felicia Wheathers, ob sie mich zu dieser Sitzung begleiten wolle. Felicia sagte spontan zu und so trafen wir uns im Haus der Gastgeber in Gmund.
Bei der Begrüßung des Mediums E. stellte ich erfreut fest, dass wir uns bereits von einer astrologischen Beratung her, die fünfzehn Jahre zurücklag, kannten. E. erzählte mir, dass sie seit einem Nahtod-Erlebnis aufgrund eines Autounfalls als Medium arbeite. Ich spürte eine gewisse Vertrautheit zu ihr, die mir gut tat, da mir doch etwas merkwürdig bei dem Gedanken zu Mute war, vor lauter fremden Menschen meine persönlichen Anliegen auszubreiten.
Es waren fünfzehn Personen anwesend, die bereits im Halbdunkel in einem großen Kreis nebeneinander saßen und die sich alle untereinander zu kennen schienen. Es hieß, dass jeder Teilnehmer nicht mehr als drei Fragen stellen sollte, damit sich die Sitzung nicht bis ins Unendliche ausdehnte.
Der Kreis der Teilnehmer ergab sich so, dass Felicia

und ich zum Schluss an die Reihe kamen. Ich durfte meinen Kassettenrecorder benutzen.
Die Mutter des Mediums sprach zuerst ein Gebet. Danach schloss das Medium die Augen und ließ sich in eine leichte Art von Trance fallen, in Halbtrance, wie ich später erfuhr. Das bedeutete, dass sie zwar »Kanal« für die Botschaften ihres Geistführers war, gleichzeitig jedoch wahrnehmen konnte, was um sie herum vorging.
Es herrschte eine wohltuende Stille im Raum. Nach circa zwei Minuten sprach E. mit leicht veränderter Stimme: »Gott zum Gruß, liebe Kinder«, und alle antworteten gemeinsam: »Gott zum Gruß, lieber Wulfius.« Wulfius war der Name des Geistführers. An dieser Stelle sei der Leser gleich darauf aufmerksam gemacht, dass die Sprache von Wulfius und die Wahl seiner Worte anfangs ungewohnt und fremd erscheint. Sie ähnelt der biblischen Ausdrucksweise und ist darauf zurückzuführen, dass Wulfius' letzte Inkarnation in weit abgelegenen Zeiten stattfand, um 340 n. Chr.
Wulfius sprach daraufhin folgende Worte zu uns:
»Ich komme mit der Liebe, wie es immer ist, und möchte euch wieder das Herz öffnen, nicht nur den Verstand. Denn mit dem Verstand vollziehen sich Dinge, die mit dem Herzen nicht zu erfüllen sind. Es ist – ich muss das sagen – heute im Kreis ein wenig so gehalten, dass ihr euch selbst in der Stärke nicht so wahrnehmt, wie ihr schon seid. Ich

möchte euch ermuntern, euch nicht immer so geschwächt zu fühlen und euren Weg ein wenig anders zu gehen! Es muss nicht immer eine große Straße sein, die ihr verändert. Ihr könnt manchmal auch kleine Wege nehmen, um euer Bewusstsein wieder zu stärken. Was möchtet ihr mich fragen, liebe Schwestern und Brüder?«

Der Reihe nach brachten nun die Teilnehmer ihre persönlichen Anliegen vor und holten sich einen Rat oder Beistand von Wulfius. Dieser sprach mit unendlicher Liebe und Geduld durch das Medium. Ich vergaß Zeit und Raum, war gefangen von seinen Worten und der wohltuenden Schwingung um mich herum, fühlte mich geborgen und in Liebe aufgehoben.

Irgendwann, nach zwei Stunden vielleicht, flüsterte Felicia mir zu, dass sie jetzt an der Reihe sei. Das Medium fragte: »Was möchtest du wissen, liebe Schwester?«

»Lieber Wulfius, ich habe vergessen, was ich dich fragen wollte, weil ich ständig darüber nachdenke, woher ich dich kenne. Ich habe das Gefühl, dass wir uns schon sehr lange kennen. Wie ist das möglich?«

»Deine Seele hat mich erkannt. Aber du weißt das noch nicht. Ich will es dir sagen: Du warst anwesend, als ich den Schierlingsbecher habe trinken müssen.«

Felicia antwortete ruhig und gefasst: »Dann warst du Sokrates.«

Sie meinte den griechischen Philosophen Sokrates, der um 470–399 v. Chr. lebte und zum Tode durch den Schierlingsbecher verurteilt wurde.
»So ist es. Du hast in meiner Nähe gesessen in jener Stunde. Ich habe schon viele deiner Inkarnationen begleitet, schon viele deiner Wege verfolgt. Was möchtest du wissen, liebe Schwester?«
Es folgten nun einige persönliche Botschaften und Ratschläge, die das Medium für Felicia durchgab.
Danach war ich die letzte Fragende im Kreis. In meiner Verwirrung über die Offenbarung von Wulfius als Sokrates sagte ich leise: »Lieber Wulfius, ich weiß nicht, ob du mich kennst, ich bin zum ersten Mal hier.«
»Das macht nichts, liebe Schwester«, antwortete Wulfius. »Ihr seid immer der Meinung, dass unsere Begegnung wie im menschlichen Bereich stattfindet. Du umgibst dich doch mit vielen Sternenbereichen. Das hast du in früheren Inkarnationen bereits getan und das verliert sich niemals. So sind deine Seele und unsere Seelen immer wieder miteinander verbunden, auch wenn ihr es als erstes oder letztes Mal betrachtet, was ihr tut, was ihr seht. Was möchtest du wissen, liebe Schwester?«
Ich schwieg, weil ich verunsichert war. Er hatte meine Sterne erwähnt. Ich überlegte, was ich ihn in diesem Zusammenhang fragen konnte. Dann sagte ich: »Also, ich werde bei meinen Beratungen oft gefragt, wie sich wohl der Weg zum Hellsehen voll-

zieht. Ich habe gelesen, dass Plato, der dein Schüler war, von dir als Sokrates gelernt haben soll, dass der Weg zum Hellsehen über den Weg der Mathematik führt. Stimmt das?
Ich habe mir Gedanken darüber gemacht, wie das gemeint ist, ob beispielsweise die Verbindung von Logik (mathematisches Denken) und Intuition eine Rolle dabei spielen und als Ergebnis die so genannte Erkenntnis ergeben. Und was ist Erkenntnis anderes als Hellsehen? Liege ich mit dieser Überlegung richtig?«
»Ich möchte deine Überlegung nicht korrigieren«, antwortete Wulfius, »sondern bestärken. Was du findest, ist in der so genannten Mathematik enthalten, in den mathematischen Formeln, die man zusammenfügt oder auseinander nimmt, um daraus ein Ergebnis zu erhalten. Um die verschiedenen geistigen Bewusstseinsebenen, in denen sich ja jede Seele befindet, miteinander zu verbinden, gibt es ebenso das so genannte Rechenschema, durch das man zu einer Ganzheit (Einheit) als Ergebnis, also zur Erkenntnis, gelangt. Aus dieser Erkenntnis ergibt sich dann die Klarheit, die man allerdings nur in begrenztem Maß in die menschliche Verstandeskraft übermitteln kann.
Es wird schwierig sein, das den Fragenden so zu übermitteln. Aber vom Philosophischen her betrachtet – und du gehst ja in dieser Weise auf meine philosophischen Energien ein – ist es erklärbar,

warum die Kräfte, die zur Erkenntnis führen, gestärkt werden.
Dies auszudrücken, es so in Wort und Schrift zu bringen, wie es gemeint ist, ist nicht einfach. Und die Weise, aus einer bestimmten Bewusstseinsebene auf den menschlichen Verstand zu übermitteln und zu übertragen, ist ebenfalls schwierig und benötigt die größte Kraft.«
»Das muss ich durcharbeiten«, meinte ich.
»Es wird dir gelingen«, antwortete Wulfius. »Ich sehe es schon in schriftlicher Form vor mir. Aber ich möchte dir noch etwas anderes sagen: Werde leichter in deinem Herzen. Du bist zu klar, indem du zu klar schaust. Das weißt du.«
»Was meinst du damit? Wie soll ich leichter werden?«
»Indem du nicht immer deine Gedankenkräfte auf lange Zeit ausdehnst. Setze deine Gedanken in kürzere Glücksgefühle, indem du sagst: ›Heute lebe ich.‹ So verändern sich die Energiepole. Du arbeitest doch mit Feldern, du arbeitest doch mit Kreisen und Zirkeln.«
Ich dankte Wulfius für seine Worte.
»Ich danke dir, liebe Schwester. Es ist nicht das letzte Mal, dass wir miteinander sprechen«, meinte er.
Die Mutter des Mediums bat nun um seinen Segen. Wulfius erteilte ihn uns und sagte zum Schluss: »Gott zum Gruß, ich Wulfius.«

Nachdem sich die Sitzung aufgelöst hatte, fragte ich E., ob sie wisse, woher der Name Wulfius stamme. Sie erklärte mir, dass der Name von Ulfilas bzw. Wulfilas herrührt, dem Wulfilas, der um 341 n. Chr. zum Bischof geweiht wurde, dann aus Anlass einer Christenverfolgung über die Donau in das Römische Reich flüchtete und schließlich in Konstantinopel starb. Von seinen schriftstellerischen Arbeiten ist ein Teil seiner gotischen Bibelübersetzung erhalten geblieben. E. erzählte außerdem, dass dies seine letzte Inkarnation gewesen und er seitdem nicht mehr in den Erdenzyklus zurückgekehrt sei. Das erklärte den Segen, den er für uns aussprechen durfte.

»Was für eine außergewöhnliche Sprache er hat!«, meinte ich zu Felicia. »Ich werde heute noch die Kassette aufschreiben, damit nichts verloren geht von seinen Worten.«

»Warum hast du das überhaupt gefragt, du wolltest doch eigentlich persönliche Fragen stellen!«

»Ich weiß nicht, warum. Wir konnten ja beide vor der Offenbarung von Wulfius als Sokrates nicht wissen, welche Richtung die Sitzung nehmen würde. Ich habe aber nun endlich die Bestätigung, dass sich Hellsehen über den Weg der Erkenntnis vollzieht. Sollte bei mir jemals ein winziger Rest von Zweifel zurückgeblieben sein, was das Weiterleben von Seele und Geist nach dem Tod betrifft – man weiß ja nie, was das Unterbewusstsein alles in sich

birgt –, so ist dieser Rest mit dem heutigen Tag für alle Zeiten aus dem Weg geräumt worden.«
Felicia erwiderte zutiefst überzeugt: »Dieser Rest von Zweifel war bei mir niemals vorhanden. Ich bin eben das, was man eine ›alte Seele‹ bezeichnet, wie Sokrates vorhin sagte, ein Mensch also, dessen Seele in weit abgelegenen Zeiten inkarniert war.«
Bei diesen Worten rollte sie mit ihren dunklen Augen. Dann stieg sie in ihr Auto und fuhr davon. Ich winkte ihr lange nach und dachte: Was für ein Tag!
Einige Monate später verspürte ich an einem Nachmittag im Herbst den Wunsch, Hannelores Grab auf dem Bergfriedhof in Gmund aufzusuchen. Etwa um die gleiche Zeit ein Jahr zuvor waren wir bei einem Spaziergang gemeinsam dort gewesen. Sie hatte damals gesagt: »Komm, ich zeige dir mal den Platz, von wo aus ich eines Tages auf die Wiesen und Felder schauen werde …«
An diesem Nachmittag war kein Mensch auf dem Friedhof zu sehen, obwohl Sonntag war, der Tag für Friedhofsbesuche. Wie ich so in der Sonne vor ihrer Grabstätte stand, mit ihr sprach und ihr meine Gedanken kundtat, die sie ja sowieso »von da oben« lesen konnte, hörte ich plötzlich ein leises Ein- und Ausatmen hinter meinem Rücken. Ich wendete meinen Kopf in dem Glauben, dass ein schnell herbei laufender Hund des Weges gekommen sei und nun bei mir Halt mache, weil er außer

Atem ist. Aber nein. Es war kein Hund zu sehen und auch kein Mensch weit und breit.
Komisch, dachte ich und schaute vorsichtshalber auch hinter dem hohen Grabstein nach. Doch auch dort war nichts zu sehen.
Es ist oft so, dass man nicht sofort die Bedeutung eines Augenblickes erkennt. Wieder daheim angekommen, setzte ich mich an den warmen Kachelofen und blickte auf die beiden Bilder, die ich damals auf Maris Speicher entdeckt hatte und die nun gegenüber an der Wand angebracht waren. An jedes dieser Bilder hatte ich ein Erinnerungsstück an eine hauchdünne, goldene Kette gehängt: ein alter Bernsteinanhänger von Jochen aus vergangenen Zeiten und ein Glasherz von Hannelore vom letzten Weihnachtsfest.
Plötzlich hörte ich ein merkwürdiges Geräusch, ein leises Vibrieren, das mal etwas lauter, mal etwas leiser wurde. Dann tickte es wie eine Uhr.
Ich war ratlos, weil ich nicht einordnen konnte, woher es kam. Ich begann, langsam an den Wänden entlang zu gehen und zu horchen. Als ich in die Nähe der Bilder kam, sah ich deutlich das hängende Glasherz auf die Glasplatte des Bildes schlagen.
»Wie kann man nur so dumm sein«, sagte ich laut zu Hannelore. »Ich kann nicht glauben, dass es dir schon gelungen ist. Danke für deinen Gruß!«
Das Vibrieren wurde schwächer. Ich blieb vor dem Bild stehen, bis das Herz wieder still hing.

Anfang 1997 war ich gesundheitlich sehr geschwächt. Ich schlug mich mit mehreren Krankheiten gleichzeitig herum und verlor mehr und mehr an Gewicht, bis ich schließlich nur noch 45 Kilo wog. Dabei betrug ich mich noch selbst, indem ich in Winterkleidung nebst Schuhen auf die Waage stieg.
Mein Hausarzt wollte mich in die »Röhre« schieben lassen und drückte mir eine Überweisung in die Hand: Krankenhaus Bad Tölz, Termin 9.15 Uhr, im nüchternen Zustand. Ich las die vorläufig gestellte Diagnose im Pschyrembel (klinisches Wörterbuch) nach und sagte daraufhin, obwohl ich beunruhigt war, ohne sein Wissen den Termin ab. Stattdessen setzte ich mich mit dem Medium E. in Verbindung und bat sie um ihr Kommen. Sie wohnte in München und wir verabredeten eine Sitzung für den nächsten Tag bei mir zu Hause.
Am Abend schrieb ich einige persönliche Fragen auf, die ich dem Medium stellen wollte. Während ich überlegte, breitete sich wieder ein Geräusch leise aus. Wie von Geisterhand geführt, ging ich sofort in die Richtung der Bilder und stellte fest, dass es dieses Mal der Bernsteinanhänger war, der wie ein Pendel hin und her schwang und dabei ab und zu auf der Glasplatte des Bildes aufschlug.
Der hängt doch nun schon seit fast 20 Jahren hier und hat sich bisher noch nie bewegt, dachte ich. Dann grüßte ich Jochen und bedankte mich für sein

Kommen, worauf der Anhänger gleich wieder in Ruhestellung ging.
Ich war voller Erwartung, jedoch auch ziemlich nervös und fahrig bis zur Ankunft des Mediums am nächsten Tag. Lisa, eine ehemalige Schulkameradin, war ebenfalls anwesend. Sie wollte zuhören und eventuell einige Fragen stellen, wenn es die Zeit von E. erlaubte.
Das Medium war einverstanden und so vereinbarten wir, dass Lisa im Nebenzimmer und die Verbindungstür offen blieb, damit Lisa alles mithören konnte. Den Kassettenrecorder hatte ich wieder eingeschaltet.
Bevor wir begannen, fragte ich E.: »Sprechen wir heute mit Wulfius oder mit jemand anderem?«
E. war erstaunt über meine Frage und sagte, dass sie noch nie mit einem anderen Führer als mit Wulfius gesprochen habe. Dann schloss sie die Augen.
Wir warteten still, bis die Worte kamen: »Gott zum Gruß, liebe Kinder.«
»Gott zum Gruß, lieber Wulfius«, antwortete ich.
Das Medium gab folgende Worte für mich durch: »Ich komme heute mit großer Freude in dein Herz, das gefüllt ist mit Liebe. Ich komme, um ein wenig Ordnung in deiner Seele zu schaffen, damit du deine Kräfte wieder leichter für dich und andere in Gang setzen kannst. Es liegt an dir, liebe Schwester, dich immer wieder in die geistige Ordnung einzu-

fügen, um damit eine menschliche Unordnung auszugleichen.
Wir wollen deine geistige Verfassung jetzt wieder ein wenig stärken. Es gibt Tage, an denen ihr euch immer wieder in die Kraft der Unordnung hineinziehen lasst. So danke ich, dass du immer mehr dein Herz öffnest und dich bemühst, geistige Informationen auch nach draußen an dein Umfeld weiterzugeben, auch wenn dies von anderen oft nicht wahrgenommen wird. Ängstige dich nicht wegen deines körperlichen Befinden. Wenn du die Angst besiegst, gehen auch die negativen Energien von dir weg, sodass du sie nur noch betrachtest und nicht mehr leiden musst. So wollen wir eingehen auf die Fragen, liebe Schwester, damit dein Herz ruhiger schlägt. Was möchtest du mich fragen?«
»Ich möchte nach meiner gesundheitlichen Situation fragen. Du hast sie ja gerade schon erwähnt.«
»Ich sehe sie anders, als du sie siehst. Und ich sehe deinen Geist anders, als du ihn betrachtest. Du hast dich ein wenig selbst geschwächt, indem du an deren von gewissen Energiepunkten zuviel abgegeben hast. Das ist dir auch bewusst. Du hast es trotzdem zugelassen, weil du vermeintlich auf dieser Straße gehen musst. Das ist nicht der Sinn. Wenn du deine Gedanken veränderst, wird dein Körper mehr in Harmonie sein.
Meine Botschaft für dich und andere Brüder und

Schwestern auf der Erde lautet: Sobald ihr zu große Ängste entwickelt, zu großen Druck, entsteht ein eingeengtes Gefühl . Dadurch kommt eure Zirkulation im Körper nicht in die rechte Bahn und drückt sich als Krankheitsgeschehen auf die schwächsten Organe aus ...«

»Heißt das«, unterbrach ich ihn, »dass die bei mir aufgetauchten Krankheiten eine seelische Ursache haben?«

»Leider, liebe Schwester. Wenn die Seele nicht mehr im Gleichgewicht ist, wenn sie, obwohl sie frei sein sollte, im Körper eingesperrt wird, entstehen krankhafte Reaktionen. Denn jedes Organ im Körper ist mit einem anderen Organ verbunden und strahlt somit in andere Organbereiche hinein. Das ist ja das Einzigartige.

Wenn du also spürst, dass du das seelische Gleichgewicht verlierst und in einen Unfrieden mit dir selbst gerätst, dann begib dich einen Augenblick in die Stille. Schließe deine Augen und nimm deinen Atem bewusst wahr. Gib alles, was dich belastet, in den Atem des Ausatmens, gib alle negativen Gedanken und Ängste ab. Überlasse sie dem Kosmos, die geistigen Helfer nehmen sie dir ab. Und dann nimmst du mit deinem ganzen geistigen Bewusstsein wahr, dass beim Einatmen neue Energien und Kräfte aufsteigen, die dir die Möglichkeit geben, dich zu entfalten, wie du bist.

Lenke diese positiven Kräfte geistiger Energie gedanklich auch an die Organe, welche eine Heilung benötigen. So füllt dein Geist deinen ganzen Körper. Wiederhole das ein paar Mal in dieser Ruhe und Stille. Du wirst spüren, dass deine Zellen, dass deine Energiekraft sich wirklich wandelt. Die bewusste Atmung gibt euch die Möglichkeit, euch in ein gesundes Energiefeld einzubringen.

Und so komme ich, um dir zu sagen, dass du diese innere Kraft auch bei anderen anwenden oder ihnen diese Möglichkeiten der so genannten Selbstheilung mitteilen kannst. Solange sich eure Seele im stofflichen Körper befindet, habt ihr natürlich auch mit dem stofflichen Körper umzugehen. Wenn ihr aber diese Schranken der Stofflichkeit ein wenig nur geistig aufhebt, wird es euch wieder gelingen, in einen anderen Rhythmus zu kommen. Solange ihr jedoch zulasst, die Systematik eines Krankheitsbildes gedanklich festzuhalten, kann keine Besserung eintreten. Wenn ihr also euren Geist voranstellt, könnt ihr diese körperlichen Beschwerden immer wieder lindern oder sogar beseitigen. So heißt meine Botschaft: Den Geist anzuwenden ist das größte Gebot!

Vollziehe diese täglichen kleinen Übungen der Atmung, indem du wirklich deine Zellstruktur selbst aktivierst, indem du dich selbst motivierst mit Worten, mit Gedanken, mit Licht, mit Wasser – das sind Energien zum Reinigen. Fange an, wie wenn du einen Berg hinaufsteigst – und das ist für dich ja eine gute Demonstration.«

Wulfius machte eine Pause. Ich bemerkte, dass Lisa aus dem Nebenzimmer ein Zeichen machte und etwas fragen wollte, und winkte sie heran. Als sie das Zimmer betrat, sagte Wulfius zu ihr: »Auch du kommst in deiner ›Hülle‹ (mit Hülle meinte er Körper) und möchtest die Stärke in dir besser wahrnehmen können. Was möchtest du fragen, liebe Schwester?«

»Haben eigentlich Krankheiten und Ängste auch mit negativen Energien in der Erdstruktur zu tun?«

»Ja. Hier sind Kräfte am Werk, die sowohl den physischen Körper als auch die Psyche und den Verstand angreifen. Die Struktur der Erdsubstanz und der Weltmeere befindet sich leider in großen Störfeldern. Man hat wieder einmal so genannte Testfunktionen ins Innere der Erde geleitet. Diese lösen negative Energien aus, die euch starke Konflikte bereiten, und ihr könnt manchmal gar nicht dagegen wirken. Bei jedem von euch wirkt es anders, sowohl im körperlichen als auch im nervlichen Bereich. Ihr könnt feststellen, dass die Geschwister dadurch immer mehr in die Irre geleitet werden. Diese Störfelder greifen auch die Körperzellen an. Achtet mit Hilfe des Atems und mit eurem vollen geistigen Bewusstsein darauf, euch gegen diese Störfelder immer wieder zu schützen, damit diese negativen Energien keine Wirkung zeigen.«

»Ich bin manchmal im Zweifel bei meinen Yogaübungen, ob ich die großen Wesenheiten und Engel anrufen oder ob ich mich direkt an Gott wenden soll, um eine Hilfe oder Stärkung zu erbitten. Kannst du mir erklären, wie die großen Wesenheiten im Unterschied zu dem direkt Göttlichen hilfreich wirken?«

»Das Göttliche ist die höchste Kraft des Geistes, des reinen Geistes. Und du bist ein Teil dieser Kraft. Du kannst aber ebenso in manchen Situationen die Hierarchien der Wesenheiten, der Weisen, rufen, dir zu dienen, dir zur Seite zu stehen. Es gibt keinen zwingenden Grund, dieses oder jenes zu tun. Es gibt Situationen, in denen du die Hilfe dieser Hierarchien rufen darfst, weil diese dem Göttlichen unterstehen und weil sie in euren Äonen, euren Ebenen, euren Sphären, ein wenig näher wirken. Wenn du jedoch das Göttliche anrufst, hast du alles eingebunden. Und so wird dir das Göttliche über die geistigen Wesenheiten vermittelt, die in dieser Aufgabe wieder eingebunden sind. Du siehst, der Kreis dreht sich, und das Rad dreht sich ebenso. Du darfst also beides, weil beides eine Sinnhaftigkeit prägt.«

»Ich danke dir für diese Erklärung.«

Das Medium wendete sich jetzt wieder mir zu.

Ich meinte daraufhin: »Weil ihr gerade von den geistigen Helfern sprecht, möchte ich dich etwas fragen, lieber Wulfius. Wenn ich in einem Augenblick der Schwäche meine Mutter oder meinen Vater rufe und sie um Hilfe bitte, inwieweit können meine Eltern das wahrnehmen und darauf reagieren?«

»Es wird auf alle Fälle immer weiter geleitet. Es ist die Gedankenkraft, die verbindet. Wenn die Möglichkeit besteht, dürfen sie eine Weile in deinem Umfeld bleiben. Wenn die Aufgabe jedoch nicht zu lösen ist, das heißt, wenn du die Lösung eines Problems allein herausfinden sollst, werden diese Geschwister nur gerufen, damit sie ihre Liebe in Form von Energie an dich weitergeben. Du erhältst dann einen gewissen Anteil an Kraft bzw. eine andere Schwingung. Das gibt dir die Möglichkeit, wieder klarer zu denken und klarer zu handeln. Die Gedanken erfüllen sich für euch in dieser Weise.

Ihr sagt oft, das hätte eure Mutter, euer Vater oder eure Großmutter in dieser Weise gesagt oder getan. Das sind die Intuitionen, die ihr auf diesem Wege von ihnen erhaltet. Sie werden und sie sind also in mancher Stimmungsfrequenz für kurze Augenblicke mit euch verbunden.

Ihr sagt, dass ihr auf eine gewisse Frage eine bestimmte Antwort wollt. Wir antworten manchmal auf unterschiedliche Weise, indem wir ein Wort, einen Gedanken, ein Gefühl, eine Farbe oder einen Ton auslösen. Wenn du heute eine Schwester oder einen Bruder betreust, gibst du doch auch Signale über das Telefon, übermittelst einen Brief, eine Schwingung. So geschieht es auch in unserer geistigen Welt, wenn wir von euch in Liebe um ein kleines Zeichen der Hilfe gebeten werden. Denn das ist es ja, was uns nahe liegend erscheint: euch die Kraft der Liebe zu zeigen. Wenn du in die geistige Welt zurückkehrst, wirst du auch den einen oder anderen auf seinem Weg begleiten und ihm Signale setzen.«

»Können die geistigen Energien der Seelen auch Gegenstände bewegen, wie dies mit den Anhängern an meinen Bildern geschehen ist?«, fragte ich weiter. »Es muss doch sehr viel Kraft kosten, durch die uns umgebende harte Atmosphäre zu dringen.«

»Es ist gut, liebe Schwester, dass du dein Bewusstheit öffnest«, antwortete Wulfius. »Es ist dir also klar, dass die Kraft von den Geschwistern der geistigen Welt ausgegangen ist. Bei der Schwester (er meinte Hannelore) ist noch nicht alles im Energiefeld möglich, weil sie selbst noch eine gewisse Kraft in sich zu entfalten hat. Sie bittet also geistige Helfer, sich bemerkbar zu machen, die Schwingung zu durchdringen.

Für den Bruder (hier meinte er Jochen) ist es leichter möglich, dir in bestimmten Zeiten, in denen du in deiner Herzensstruktur ein wenig schwach bist und diese Kraft benötigst, ein Zeichen zu geben. Das heißt also: Jenseitige Freunde übermitteln in dieser Form durch die Kraft der Liebe. Sie wollen dir kundtun, dass du nicht allein bist.

Was möchtest du mich noch fragen?«

»Wen aus der geistigen Welt könnte ich denn anrufen, wenn mir danach zumute ist?«
»Du hast einige Begleiter, liebe Schwester. Aus den Sternenbereichen werden dir Inspirationen von Herrschern dieser Strukturen gegeben. Du kannst aber auch immer alle jenseitigen Geschwister für deine unterschiedlichen Belange anrufen. Dazu brauchst du keine Namen von jenseitigen Wesenheiten. Jede Seele auf der Erde hat Begleiter in der jenseitigen Welt, die ihr für besondere Aufgaben zur Seite gestellt werden, zur Bewältigung ihres Lebensplanes. Wenn eine Seele auf der Erdenstruktur bereit ist, ihr Bewusstsein zu öffnen, wird ein Kontakt zu einem geistigen Helfer auf der für sie notwendigen Bewusstseinsebene stattfinden zur Weiterentwicklung ihrer Seele.«
»Vor einigen Jahren«, meinte ich darauf, »hatten wir Kontakt zu einem Geistwesen, das sich Jesus nannte. Ist dir diese Wesenheit bekannt?«
»Mir ist der Bruder in seiner geistigen Form bekannt. Er gibt gute Informationen, die von der Verstandeskraft gut ausgewertet werden können. Da er jedoch sein Bewusstsein inzwischen auf andere Planeten gelenkt hat, um dort zu dienen, kehrt er nicht unbedingt wieder in den Erdenzyklus zurück. Er hat euch einige Auskünfte gegeben und dadurch einiges Bewusstsein in euch reifen lassen.«
(Damit meinte Wulfius, dass sich die Entwicklung

des Bewusstseins behutsam in vielen Schritten, in Etappen sozusagen, vollzieht.)

»Bist du jetzt – für uns unsichtbar – hier in diesen Räumen?«

»Nicht wirklich. Ich muss nicht anwesend sein. Dass man anwesend sein müsste, um miteinander zu kommunizieren, ist eine Vorstellung, die in euren Dimensionen herrscht. In der Dimension, in der ich weile, gibt es diese Form nicht. Es ist mein Geist, der euren Geist ruft, der sich aufgrund einer gewissen Schwingung übermittelt. Es ist nicht so, dass ich teilhabe an vielen Bereichen, wie ihr das meint. Denn ich bin ja nicht in diesem stofflichen Körper. Es ist mir möglich, an verschiedenen schwingungsmäßigen Strahlungsorten zu gleicher Zeit zu sein. Das bereitet euch Schwierigkeiten, weil ihr mit euren Körpern an einer bestimmten Aufgabe, an einem bestimmten Punkt für eine bestimmte Zeitenform gebunden seid.

In der geistigen Welt herrschen andere Energieeinflüsse und auch andere Wirkungsweisen und Frequenzen. Aber ich bin in meiner Bewusstheit mit euch verbunden. Manchmal hast du zum Beispiel einen Gedanken, der dir immer wieder nachhängt, doch dann löst du dich doch von ihm weg: Das ist eine Schwingung, die ich dir übersende. Weil wir möchten, dass ihr eure Schwingungen immer wieder wandelt.

Du siehst doch in deiner Arbeit, dass die Schwin-

gungen die Menschen im Sternensystem verändern. Also soll dir dies auch deutlich machen, dass du deine eigene Schwingung mit deiner Gedankenkraft in Energie umwandeln kannst.«
»Ich weiß, dass die großen Wesenheiten die Schwingung der Liebe der Menschen brauchen, sozusagen zur Rettung und Regulierung des Kosmos«, warf Lisa ein.
»Das ist richtig. Es werden schon seit langer Zeit so genannte Zentren der Liebe (religiöse Zentren) an vielen Plätzen der Erde etabliert. Durch die so genannte Menschenkette, die sich dort bildet über das Gebet, über die Gedanken, über die Lichtkraft, die von diesen Zentren ausgesandt wird in ein Bewusstseinszentrum in der geistigen Welt – in einer höher gelegenen Dimension –, wird diese Schwingung der Liebe wie in einem Depot angelegt und an bestimmte Orte gebracht, um Diskrepanzen auszugleichen oder auch zerstörende Mächte, die dort herrschen, wegzunehmen. Wir brauchen an allen Plätzen solche Kräfte des Gebetes, der Gedanken. Denn über die so genannte Drei-Dimensionierung können sie erst weitergeleitet werden in die höheren Dimensionen. Und damit vollzieht sich die Wandlung des Erdensystems. Ihr habt in dieser Jetzt-Zeit so viel wie möglich mit Energien der Liebe umzugehen, damit sich dieses Bewusstsein im Kosmos ausdehnen kann. Und so kommen mit einem Maß der Liebe durch eure

Wesenheit die Dinge wieder in einen größeren Umlauf.«

Nach diesen Worten dankten wir Wulfius und ich bat ihn, uns zu verabschieden. Wulfius sprach den Segen für unseren Weg und dann die Worte: »Gott zum Gruß, ich Wulfius.«

Ich fragte E., ob sie müde sei und ob sie solche Gespräche als anstrengend empfände.

»Nein«, antwortete sie munter, »im Gegenteil, ich habe Kraft getankt.«

Eine Weile später, nachdem E. und Lisa gegangen waren, fiel mir ein, dass ich noch eine wichtige persönliche Frage stellen wollte. Aber morgen ist ja auch noch ein Tag, dachte ich.

Die Frage ließ mir schließlich keine Ruhe. Am nächsten Morgen rief ich bei E. in München an. Die Mutter des Mediums war am Apparat und ich bat sie, an meiner Stelle die Frage an Wulfius zu richten, die ich ihr durch das Telefon diktierte:

Lieber Wulfius, ich habe in den letzten Wochen das Manuskript für ein Buch begonnen. Kannst du mir Auskunft darüber geben, ob es angenommen wird?

Noch am selben Abend rief mich das Medium zurück. Sie hatte folgende Botschaft für mich erhalten:

Liebe Schwester, es kann sein, dass es sich noch einige Zeit hinzieht, bis das Manuskript auf die richtige Wesenheit trifft. Wenn die Zusage erfolgt, wirst du einige Dinge verändern müssen. Du kannst in bestimmten Bereichen aber auf deinem Standpunkt bestehen bleiben. In kleinen Abweichungen musst du nachgeben. Den Zeitpunkt kann ich dir nicht nennen, weil ihr eigentlich keine Zeit habt. Es gibt keine Zeit. Diese Illusion ist nur in eurer Dimension enthalten. Widme das Buch den Energien der Liebe.

Epilog

Als ich an einem Morgen im Januar 2000 in meinen Garten hinaustrat, lag Weihrauch in der Luft. Bereits beim Öffnen der Haustür schlug mir der Duft entgegen und begleitete mich bis zum Gartentor. Erst später erkannte ich die Bedeutung dieses Augenblicks, als ich die Mitteilung erhielt, dass das Medium E. in der Nacht zuvor in die geistige Welt gerufen worden war, im Alter von 52 Jahren unserer Zeitrechnung. Sie hatte mir ihren Lieblingsduft – Weihrauch – als letzten Erdengruß hinterlassen.

Bis zum heutigen Zeitpunkt befolge ich die Ratschläge der letzten Sitzungen mit ihr und Wulfius. Zweifellos unterstützten sie meine damalige Genesung mehr als jede verordnete Medizin, was nicht bedeuten soll, dass ich nicht auch ab und an medizinischen Rat eingeholt habe.

Meine eigene Zeitspur schweigt sich seit einiger Zeit aus. Warum sollte sie sich auch melden? Sie hat sich ja bereits anhand entsprechender Ereignisse auf meinem Lebensweg erfüllt. Und doch, wer

weiß – vielleicht hält sie ja noch eines Tages eine Überraschung bereit!
In meiner astrologischen Beratungspraxis, die ich nun seit fast dreißig Jahren führe, finde ich mehr denn je Zugang zu der Zeitspur Rat suchender Menschen und kann ihnen behilflich sein, auf dem Wege der Astrologie zu ihrer Bestimmung und Lebensaufgabe zu finden. Mit meiner eigenen Geschichte möchte ich den Leser anregen, bestimmte Zusammenhänge im eigenen Schicksal zu reflektieren und erkennen zu lernen. Sie ist eine Aufforderung, über den Sinn unseres Erdendaseins nachzudenken. Unserer Existenz liegt ein gigantischer Plan zugrunde: der von unserer Seele selbst ausgewählte Lebensplan, wie auch immer er aussehen mag. Er kann beispielsweise eine dienende Aufgabe in vielfältigster Art und Weise beinhalten, eine zu erfüllende künstlerische Mission oder das Tragen großer Verantwortung in einem bestimmten Lebensbereich. Es gibt so viele Wege zur sinnvollen Erfüllung bestimmter Lebensaufgaben. Für die Entwicklung der Seele ist allein wichtig, dass eine Aufgabe in Bereitschaft und Liebe angenommen wird, mag sie auch noch so schwierig erscheinen oder bisweilen als unbedeutend empfunden werden. Die astrologische Konstellation zum Zeitpunkt der Geburt gibt einen Hinweis, welchen Weg und welchen Aufgabenbereich sich die Seele für ihre Entwicklung gewählt hat.

Um diesen Aufgaben in einer Zeit voller Unsicherheiten und globaler Ratlosigkeit gerecht werden zu können, sind wir angewiesen auf eine gelegentliche Stunde der Stille, um die Sicherheit in uns selbst zu finden, uns der Macht des Geistes voll bewusst zu werden, dass es der Geist ist, der letztendlich die Materie beherrscht.

Im vergangenen Jahr erhielt ich einen Anruf meiner Verlegerin bezüglich einer von mir angefertigten Zeichnung. Im Verlauf dieses Gesprächs erwähnte ich nebenbei, dass seit drei Jahren ein Manuskript für ein Buch in meinem Schrank schlafen würde. Doch ich hatte mich getäuscht, das Manuskript hatte nicht geschlafen, sondern nur gewartet, denn meine Verlegerin meinte spontan: »Schicken Sie es mir zu! Ich bin neugierig darauf. Vielleicht ist ja jetzt der richtige Zeitpunkt, es zu veröffentlichen.« Wieder einmal tauchte im richtigen Augenblick meines Lebens eine Person auf, um meinem Weg eine noch etwas andere Richtung zu geben. Und um den Kreis um dieses Buch zu schließen.

Christopher A. Weidner

Kinderhoroskope richtig deuten

Helfen Sie Ihrem Kind zu werden, was es ist

Mit diesem leicht verständlichen und praxisorientierten Ratgeber können Sie die Einmaligkeit Ihres Kindes entdecken, denn in jedem Kind steckt etwas ganz Besonderes. Das Horoskop hilft Eltern, ihr Kind zu verstehen und zu erfahren, was es braucht, um das zu werden, was in ihm von Geburt an angelegt ist.

256 Seiten mit zahlreichen Zeichen und Tabellen

ISBN 3-485-00877-X

Monika Piper-Albach

Der Astro-Farbtest

Was hat Ihre Lieblingsfarbe mit Ihrem Leben zu tun?

Mit diesem Buch und seinen Farbtafeln kann jetzt jeder seine eigene Persönlichkeit erkennen. Die Astrologin Monika Piper-Albach hat entdeckt, dass die zwölf Regenbogenfarben und die zwölf Sternzeichen eine analoge Schwingungsebene haben, und daraus diesen Persönlichkeitstest entwickelt, der mit Horoskopen und Farben arbeitet.

160 Seiten mit 12 Farbkarten

ISBN 3-485-00878-8

nymphenburger

Besuchen Sie uns im Internet unter www.herbig.net